Grazie di aver acquistato il nostro libro, per poter ricevere gratuitamente 50 disegni o un libro da colorare in formato digitale (da stampare) segui le indicazioni di seguito:

invia una email a: **infoediluma@gmail.com** allegando **screenshoot** della **prova di acquisto** e scrivi **"50"**

Per visualizzare gli altri nostri libri, con il tuo smartphone inquadra il QR Code

EDILUMA KIDS

Libri da colorare

MDV

QUESTO LIBRO APPARTIENE A

____

Impara a scrivere tracciando le lettere dell'alfabeto

Traccia la lettera

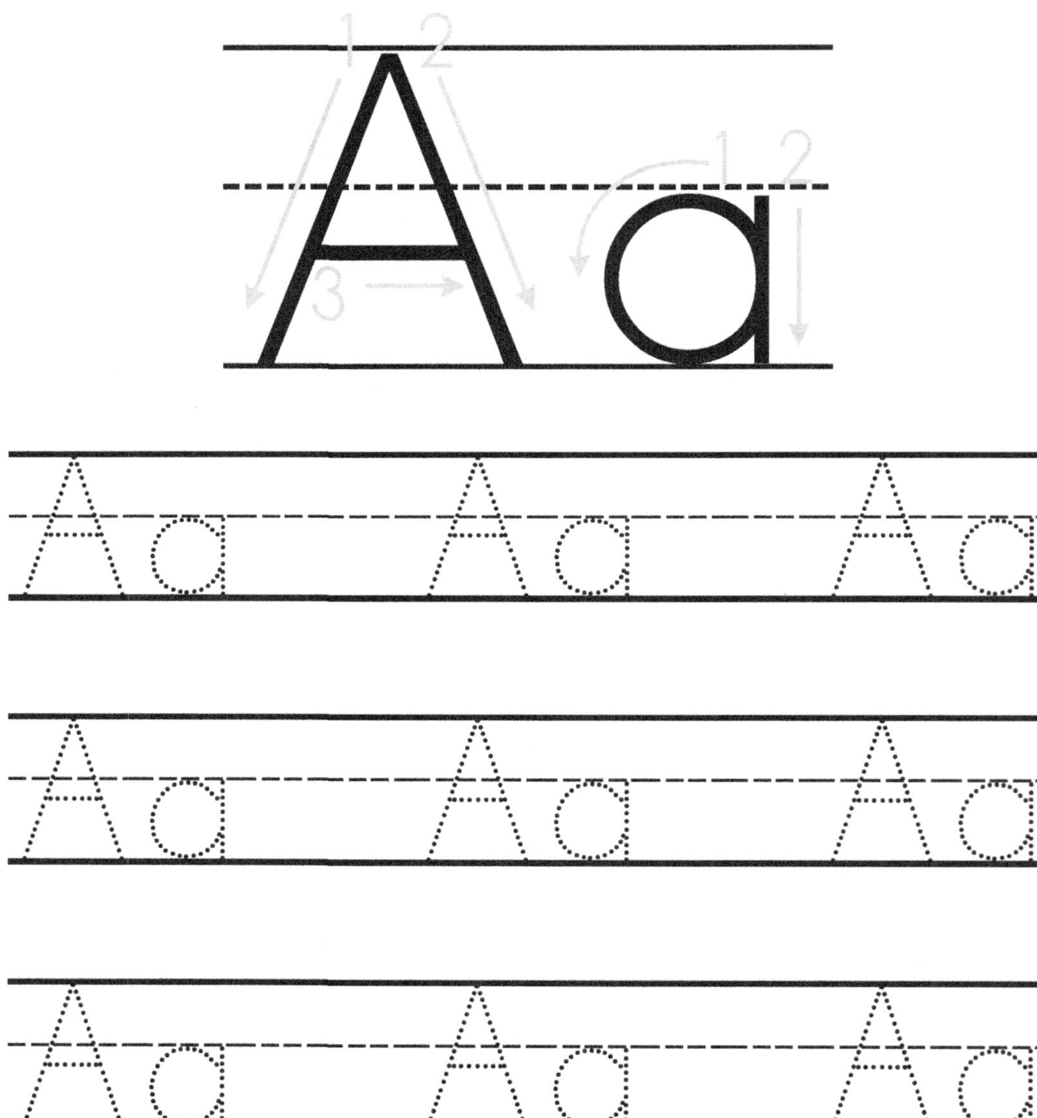

Traccia la lettera

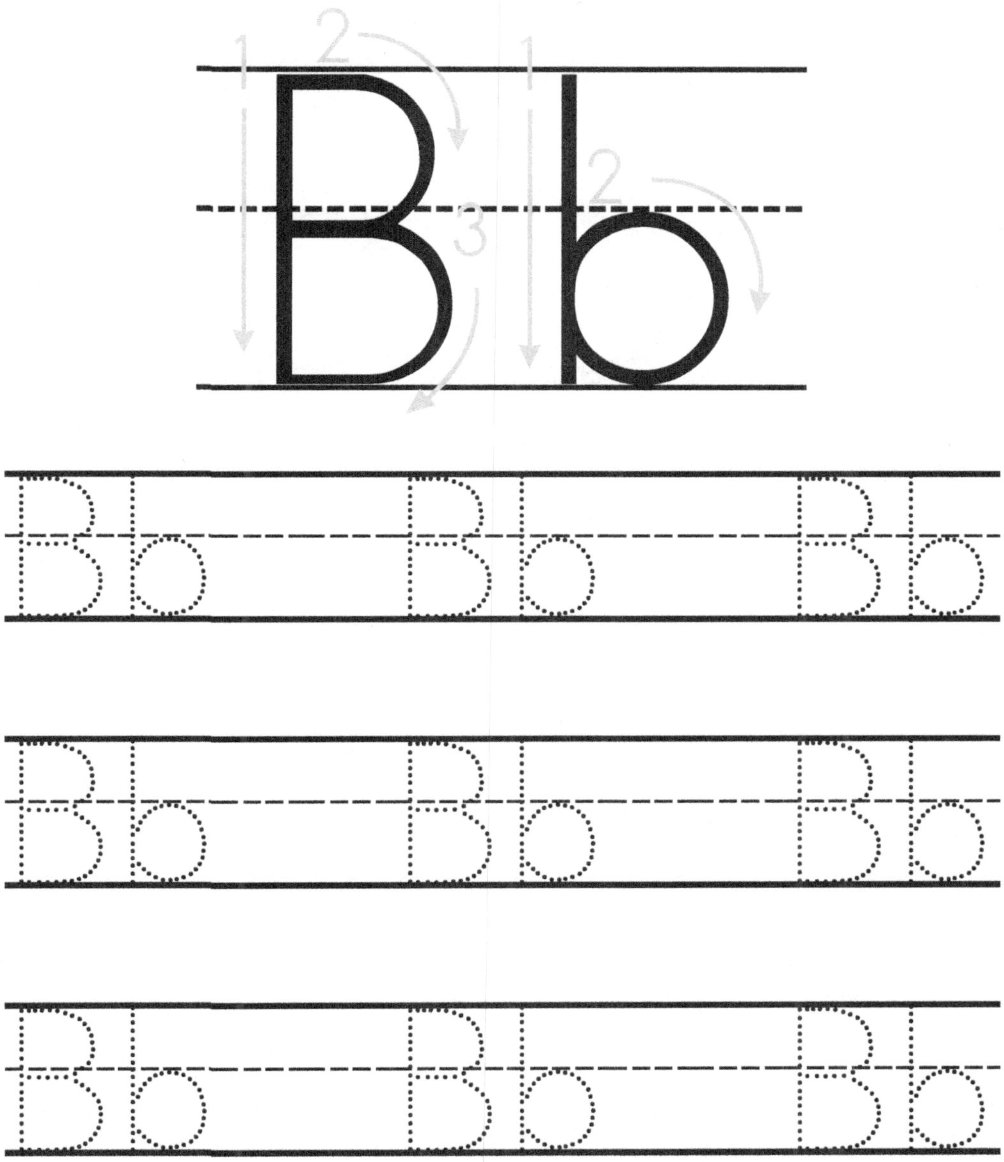

Traccia la lettera

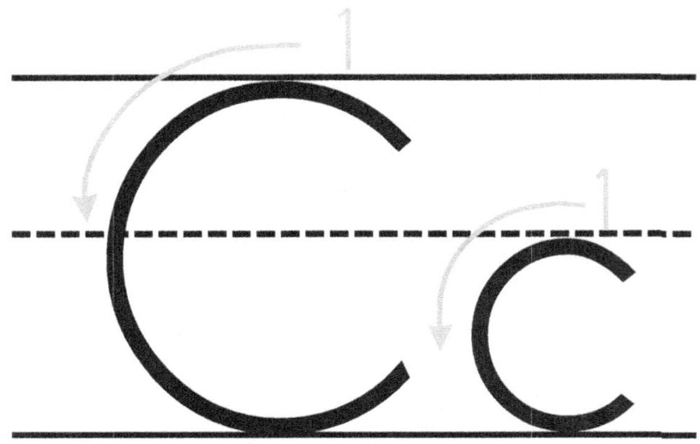

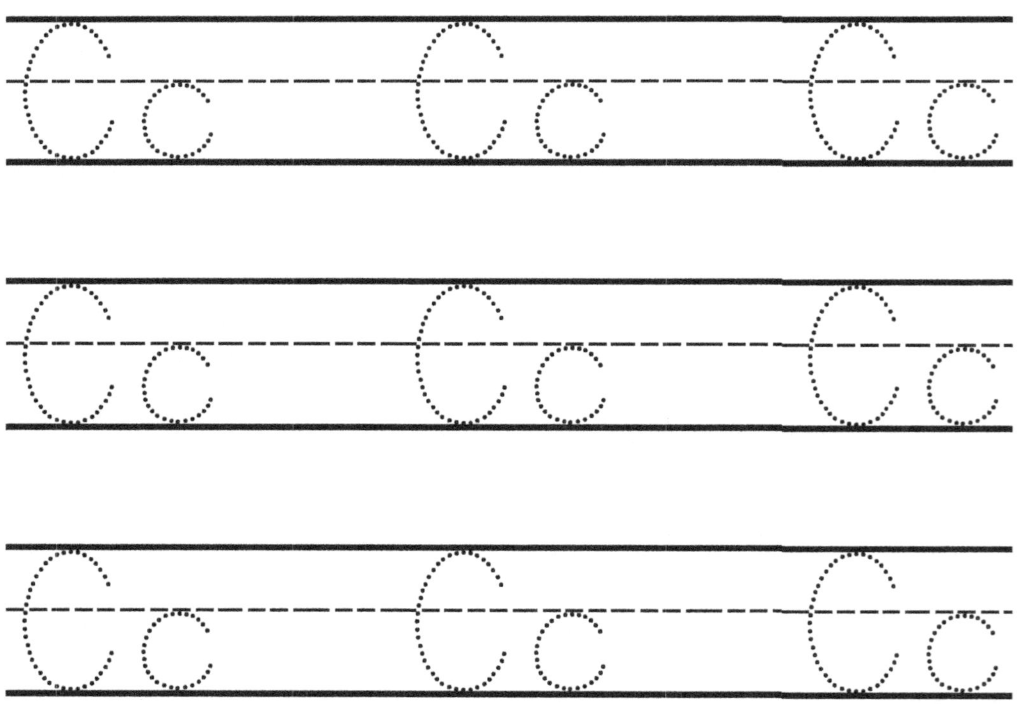

Traccia la lettera

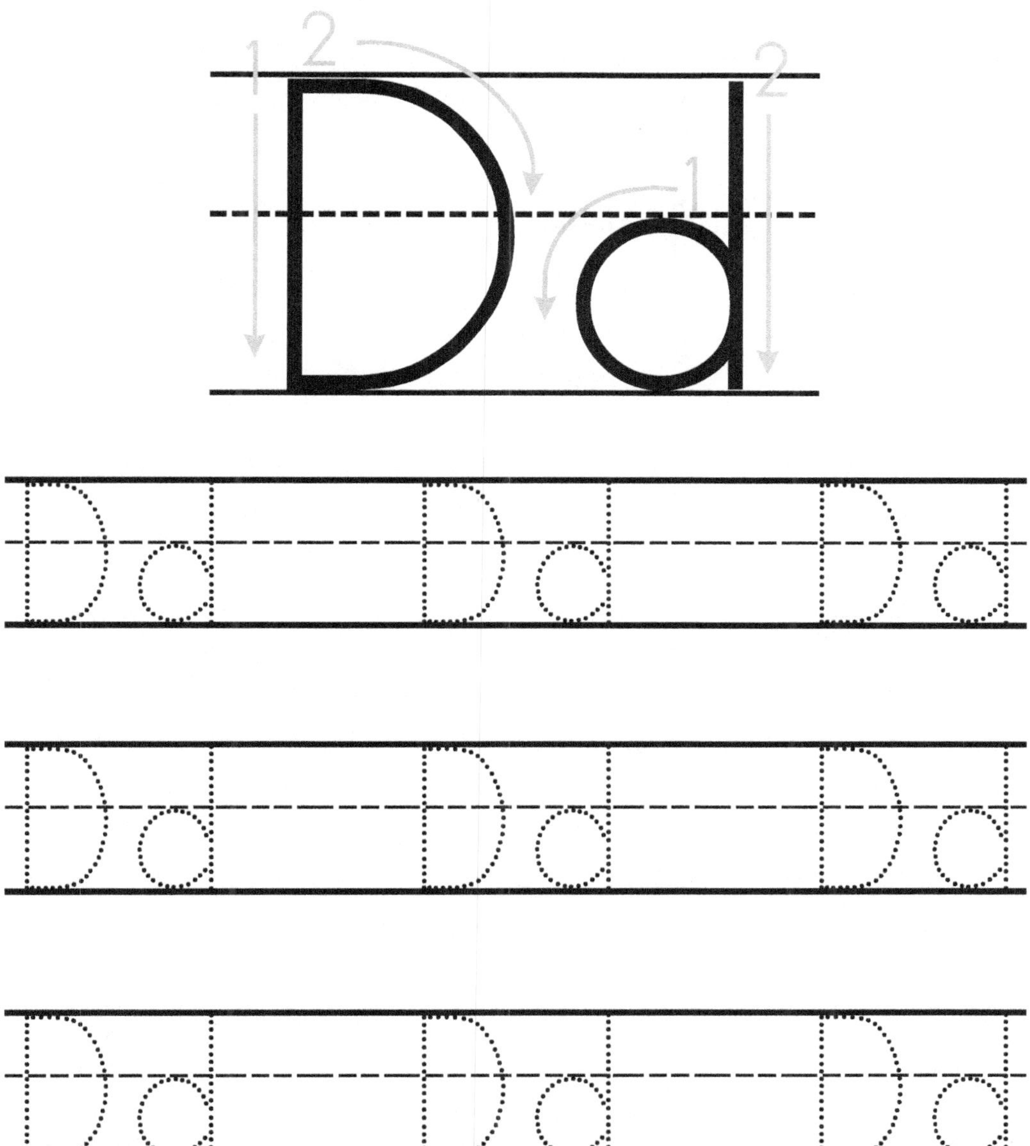

Traccia la lettera

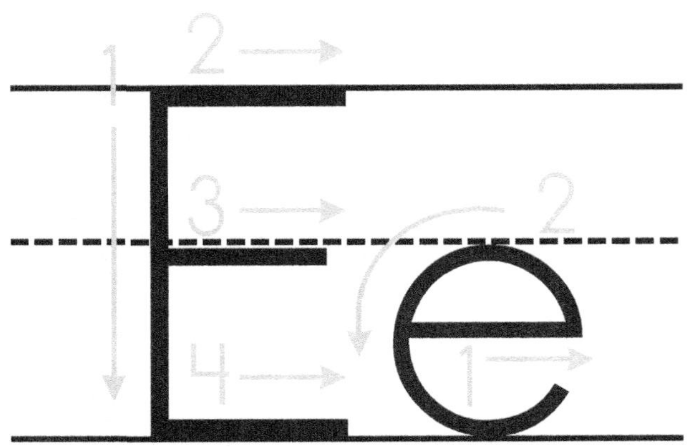

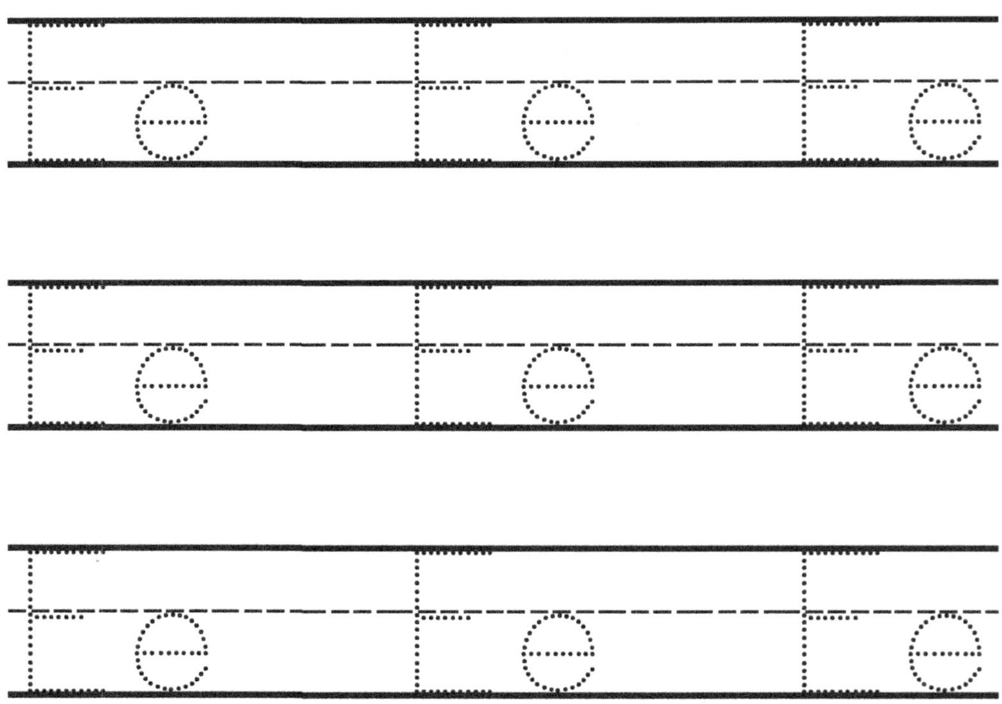

Traccia la lettera

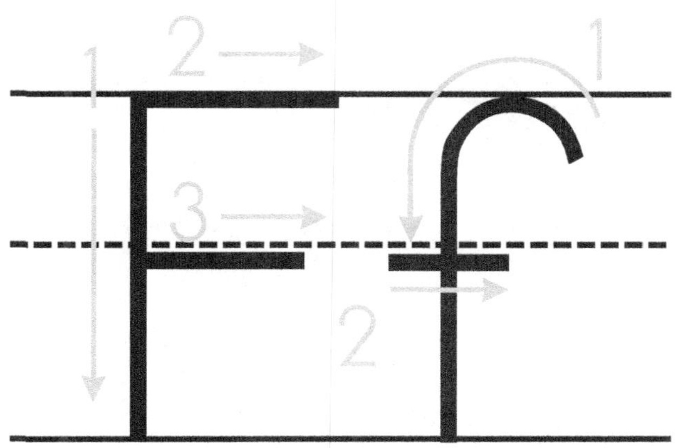

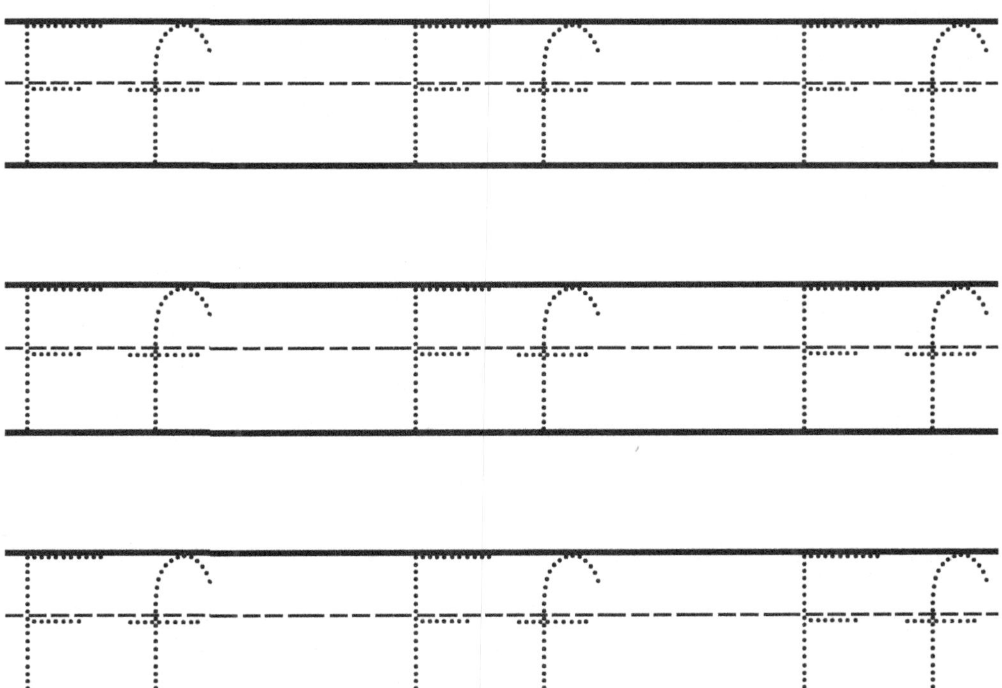

Traccia la lettera

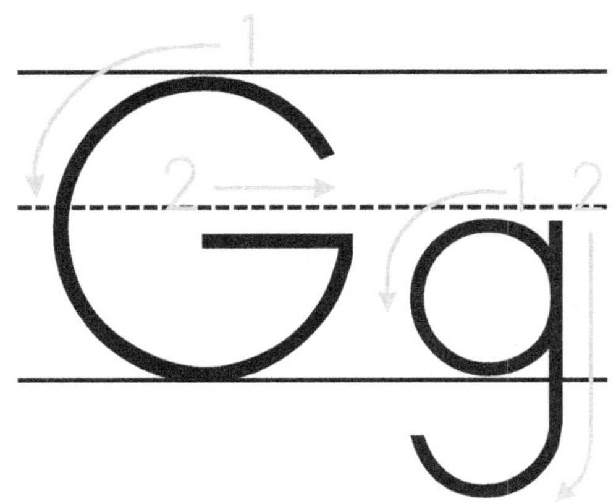

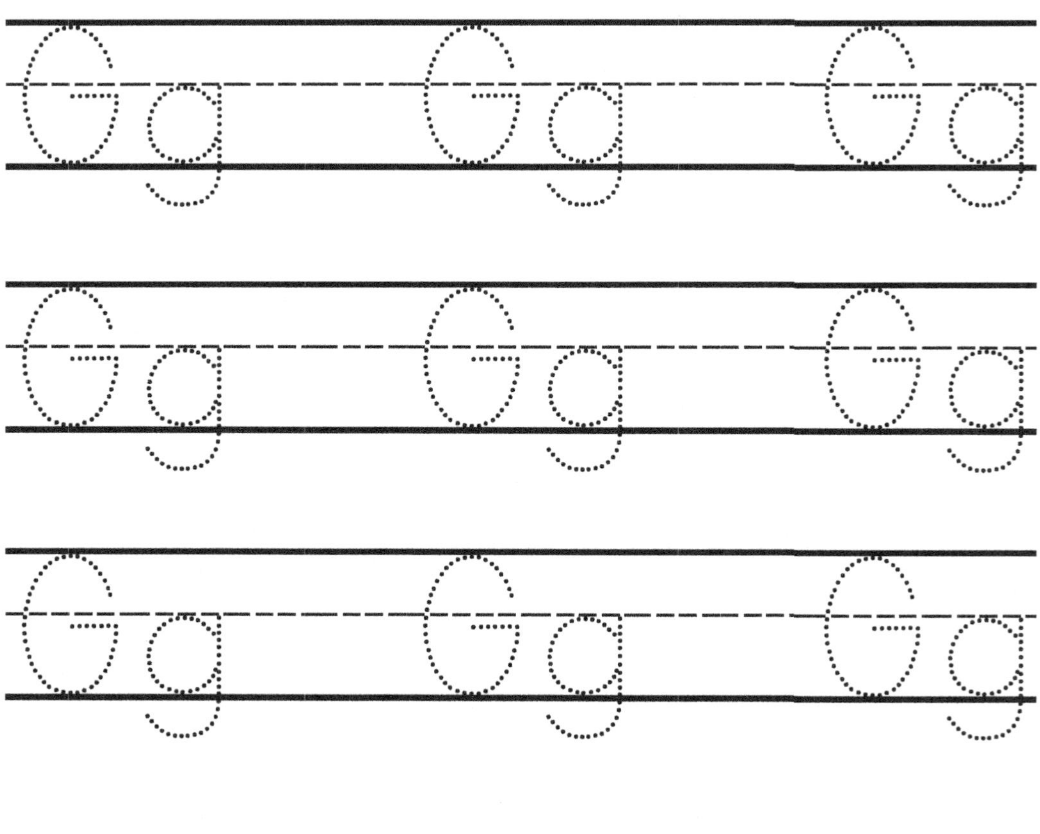

Traccia la lettera

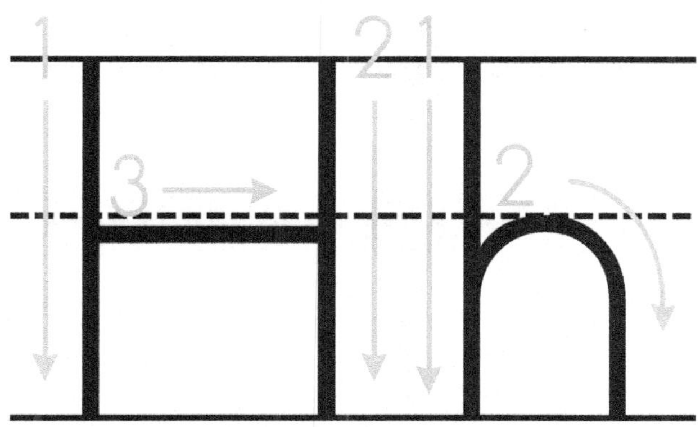

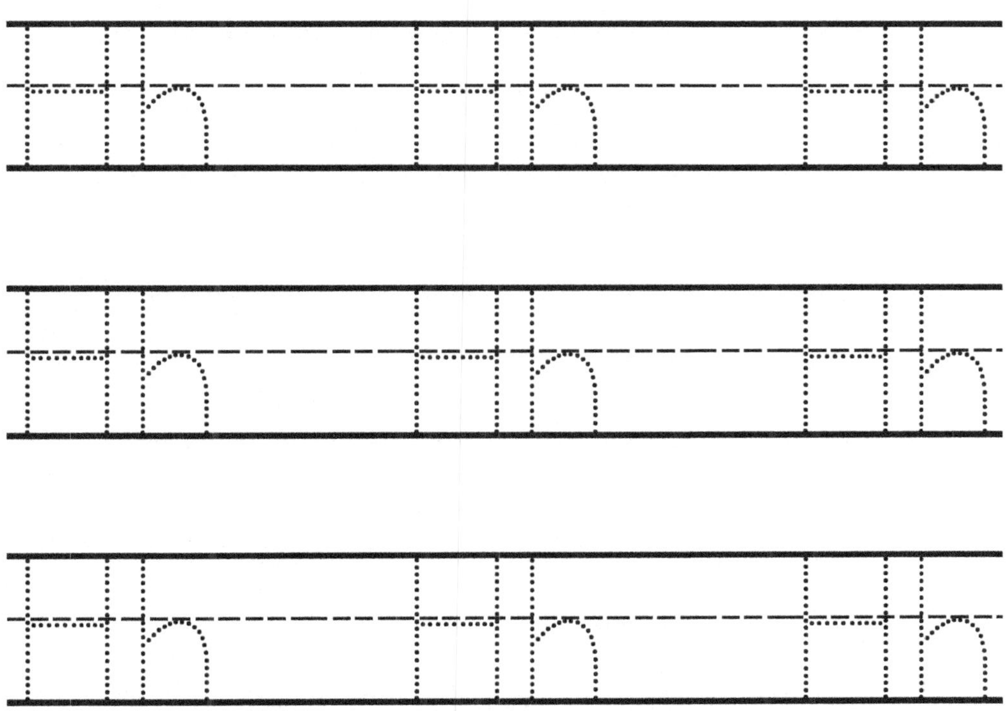

Traccia la lettera

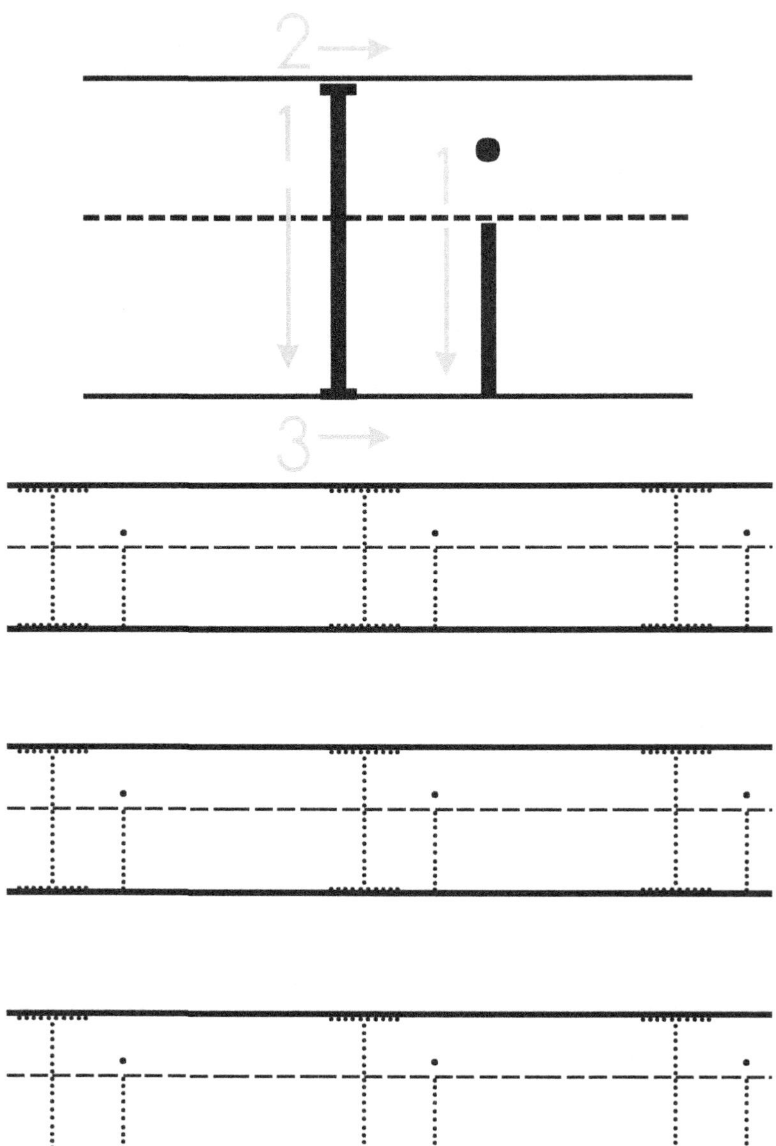

Traccia la lettera

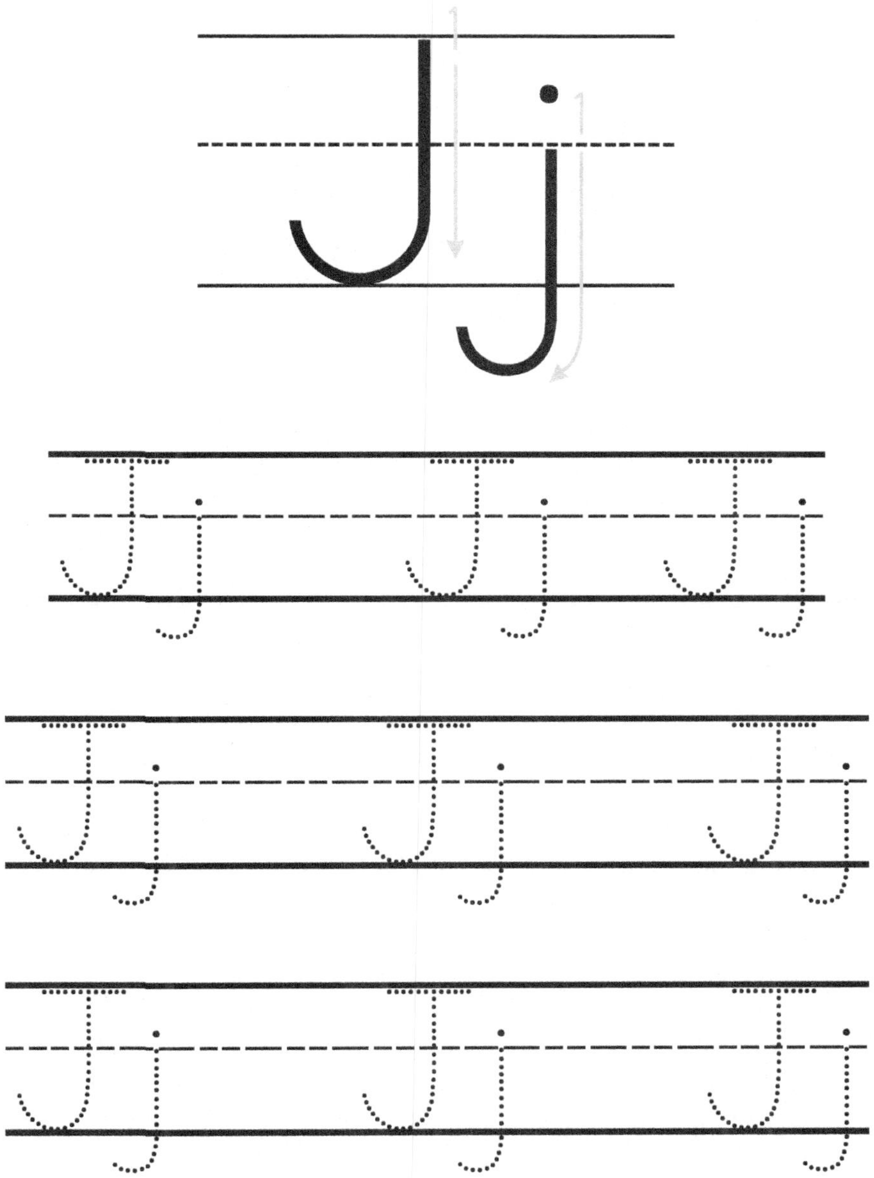

Traccia la lettera

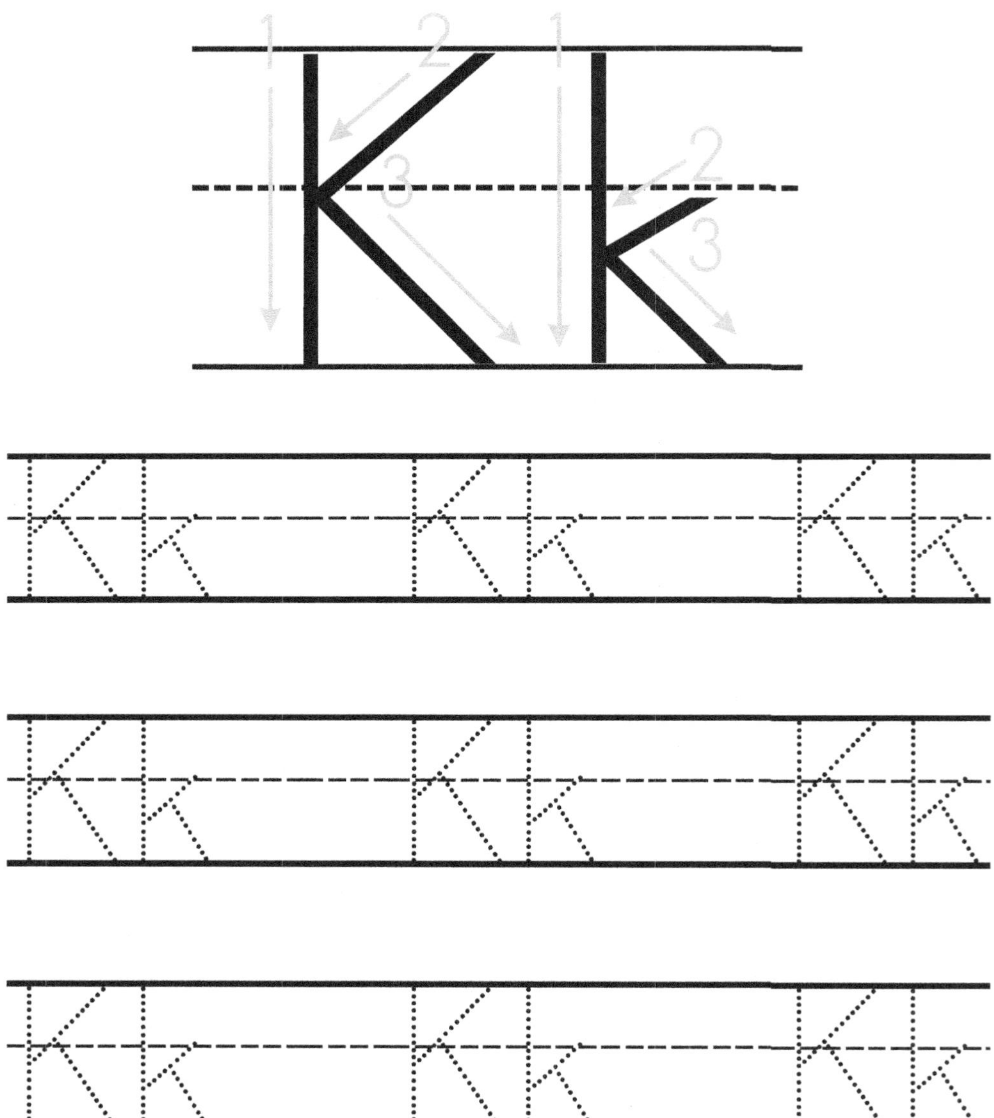

Traccia la lettera

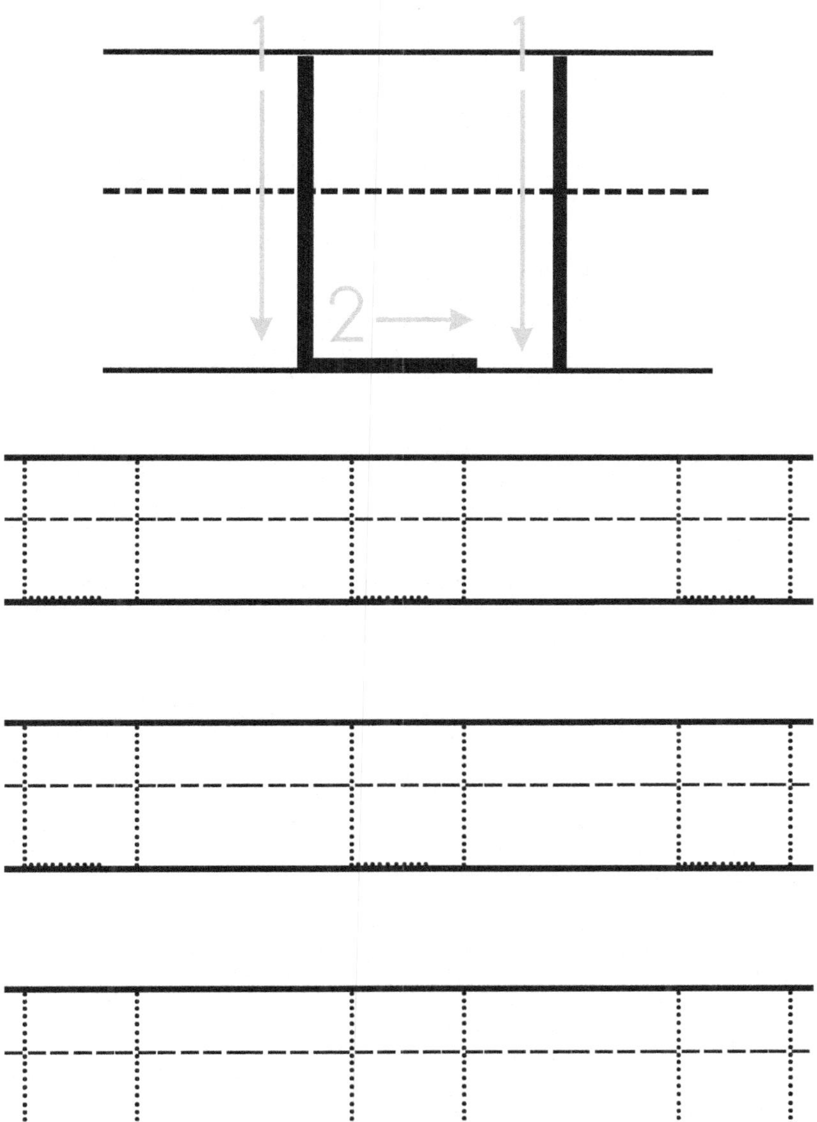

Traccia la lettera

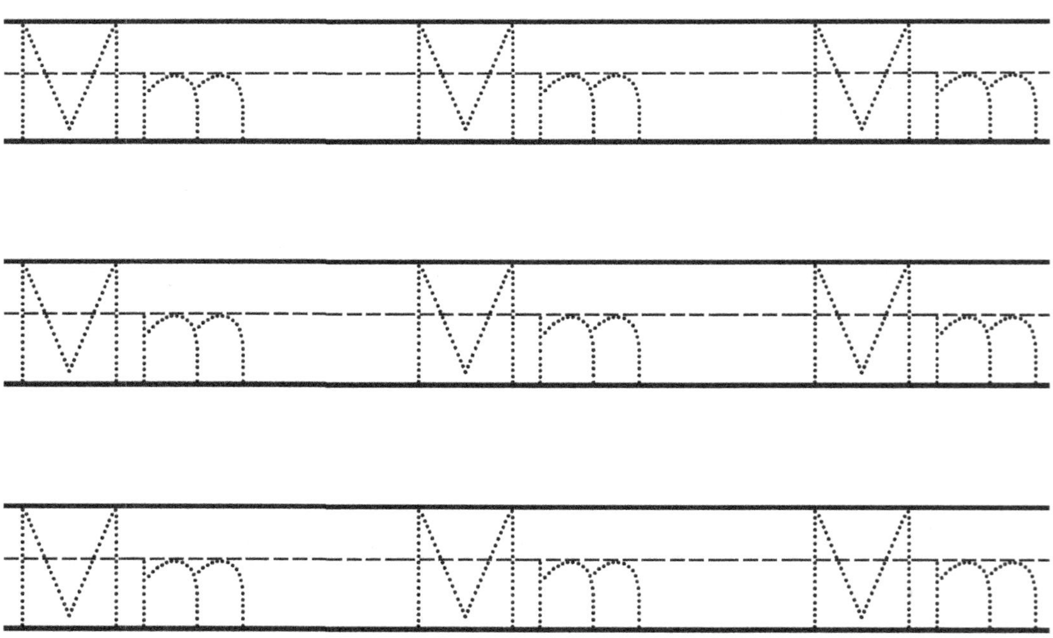

Traccia la lettera

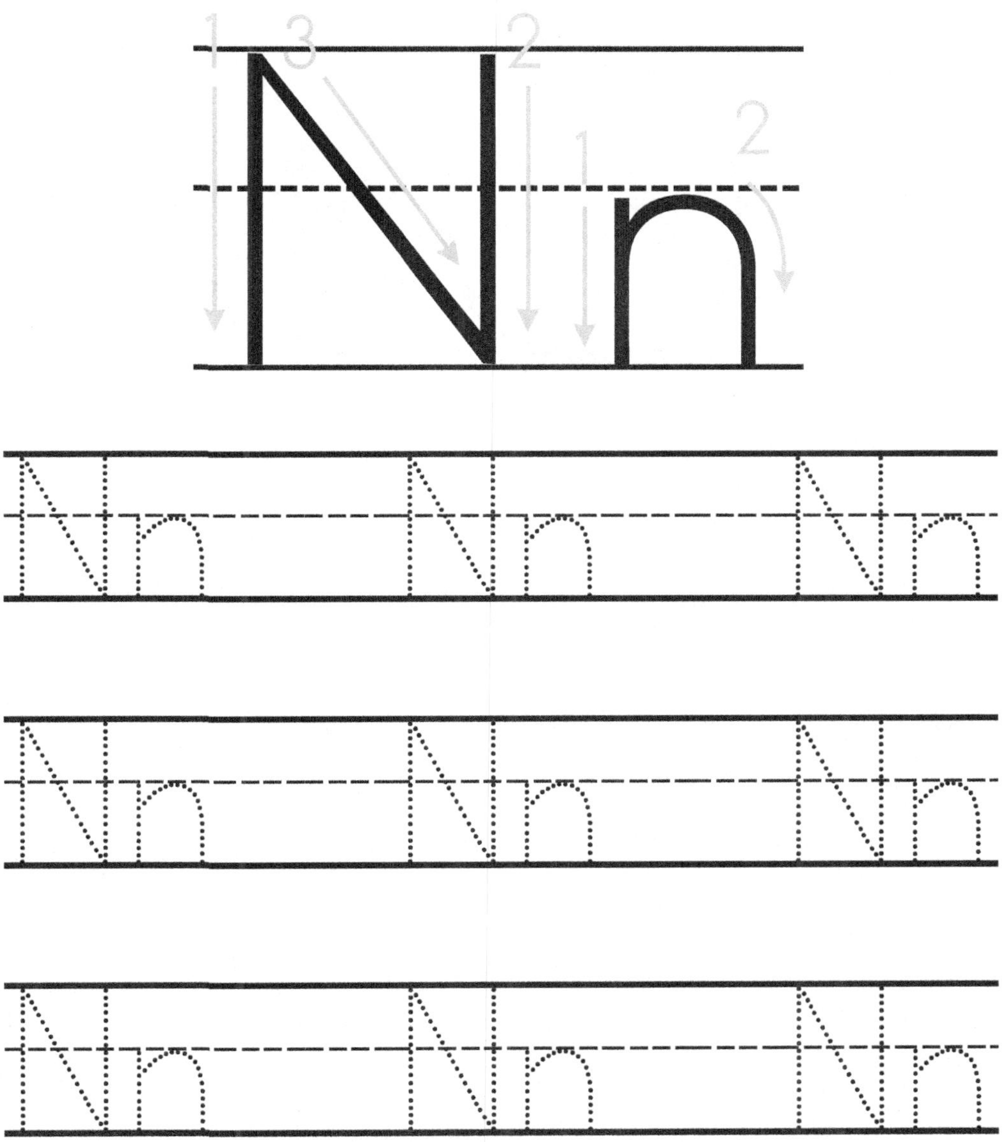

Traccia la lettera

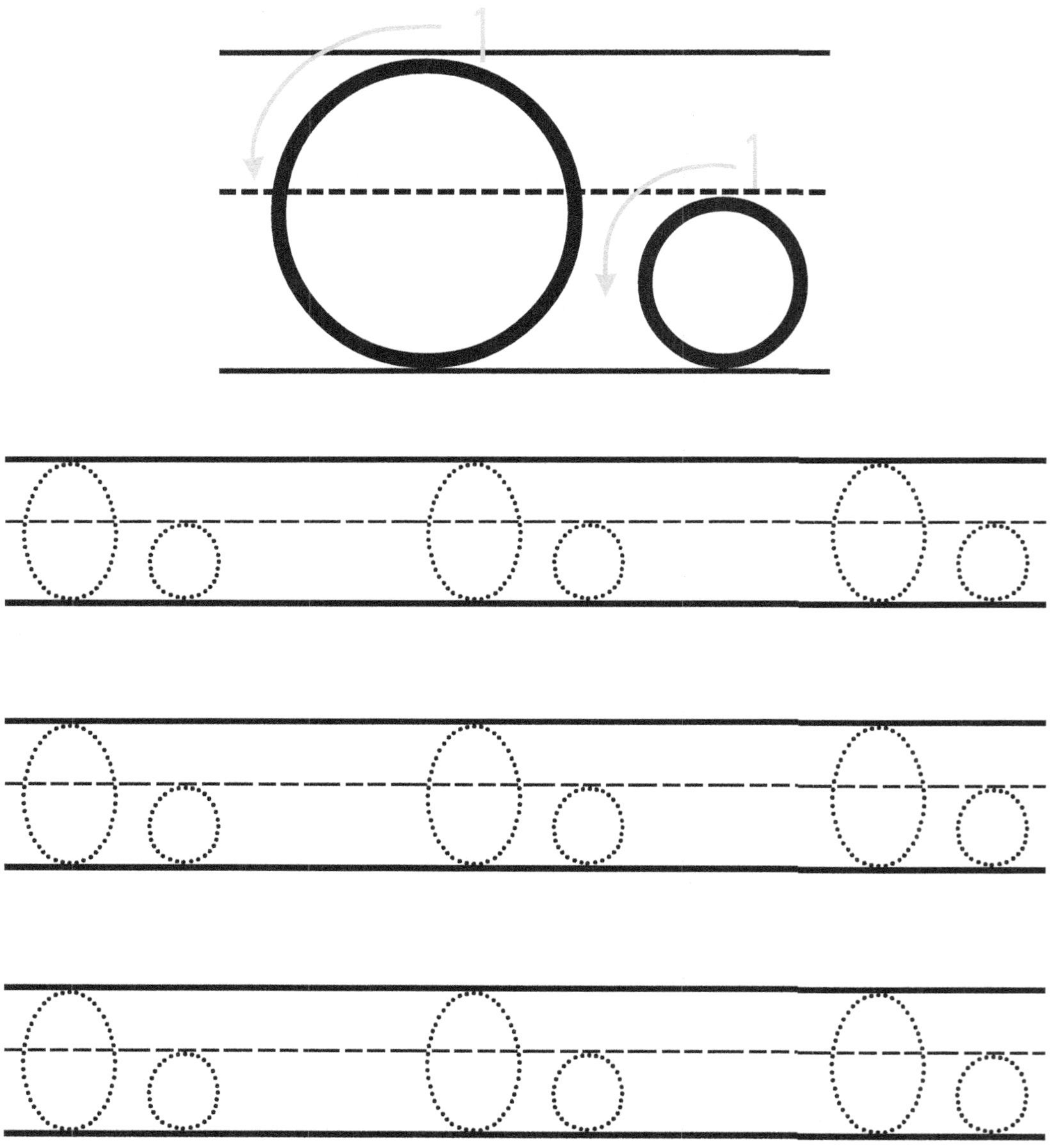

Traccia la lettera

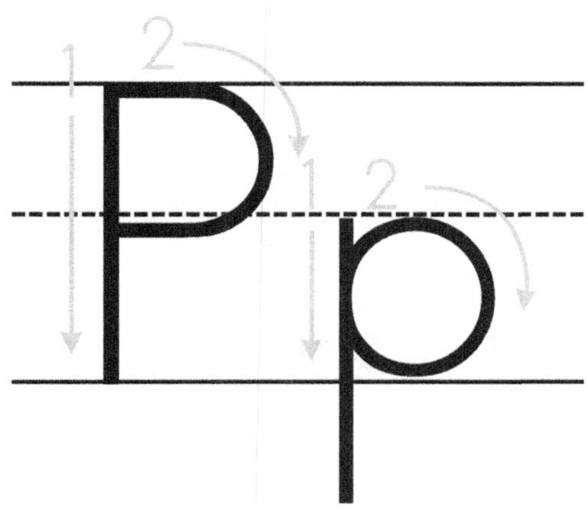

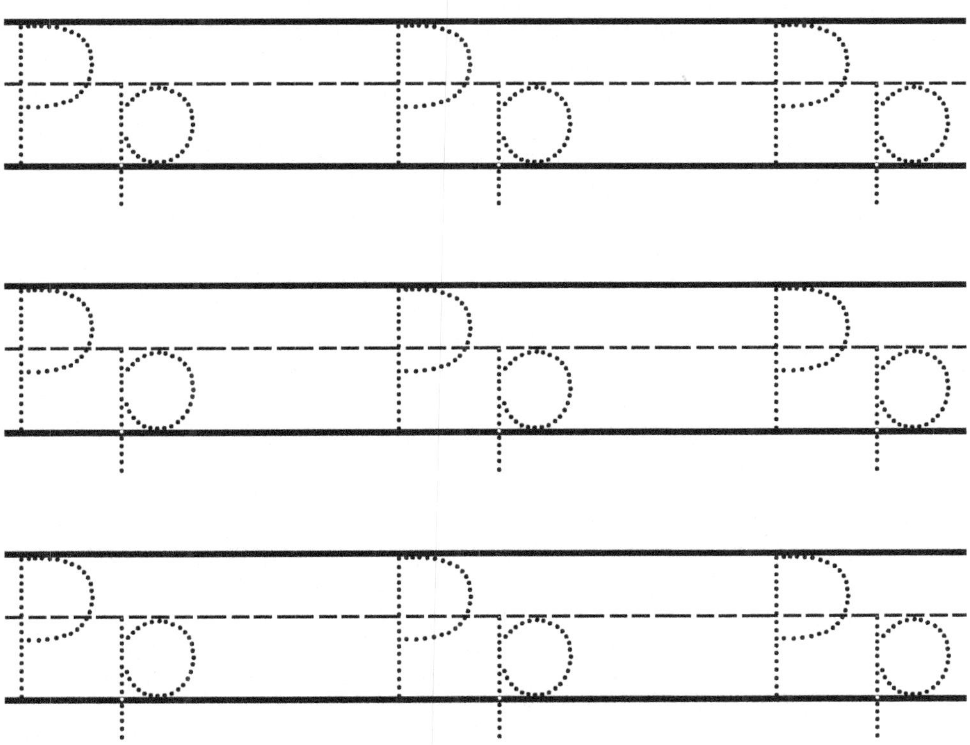

Traccia la lettera

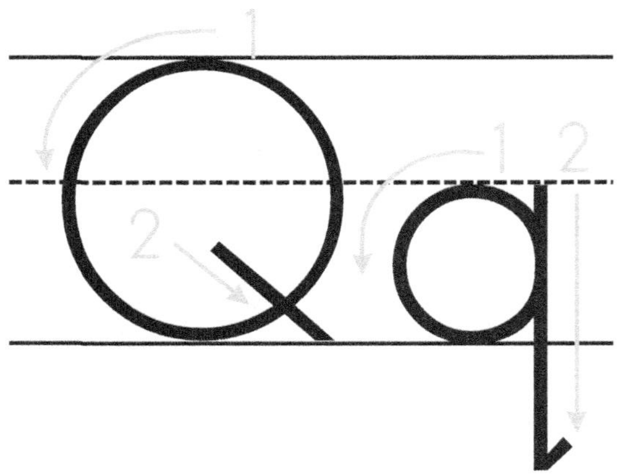

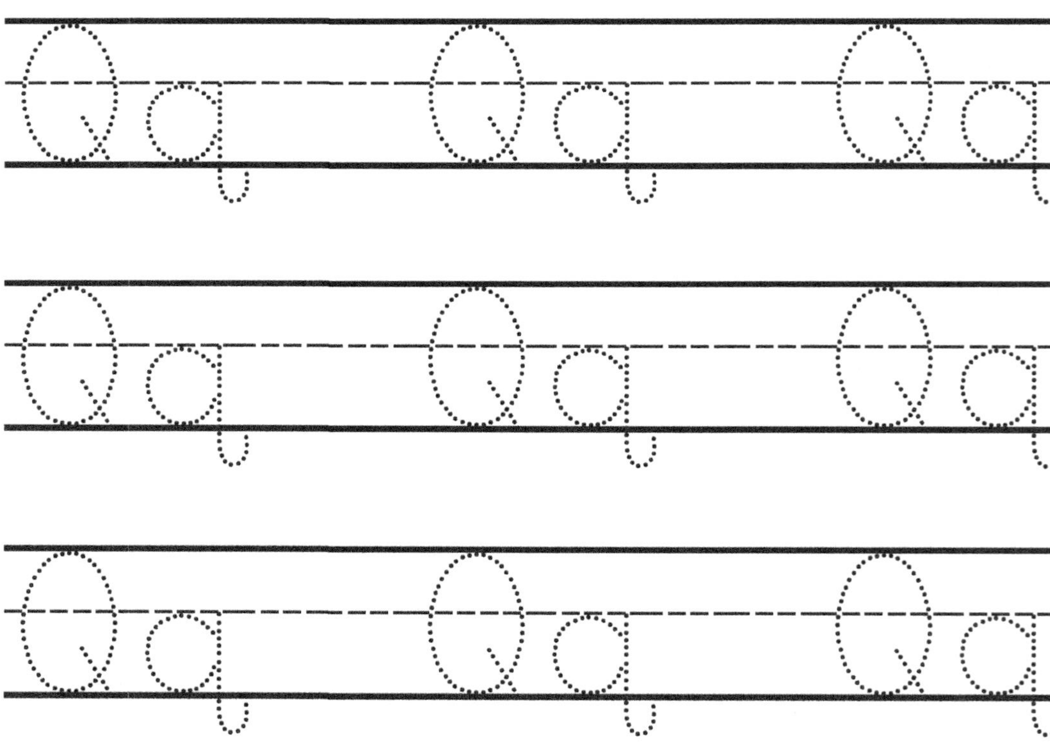

Traccia la lettera

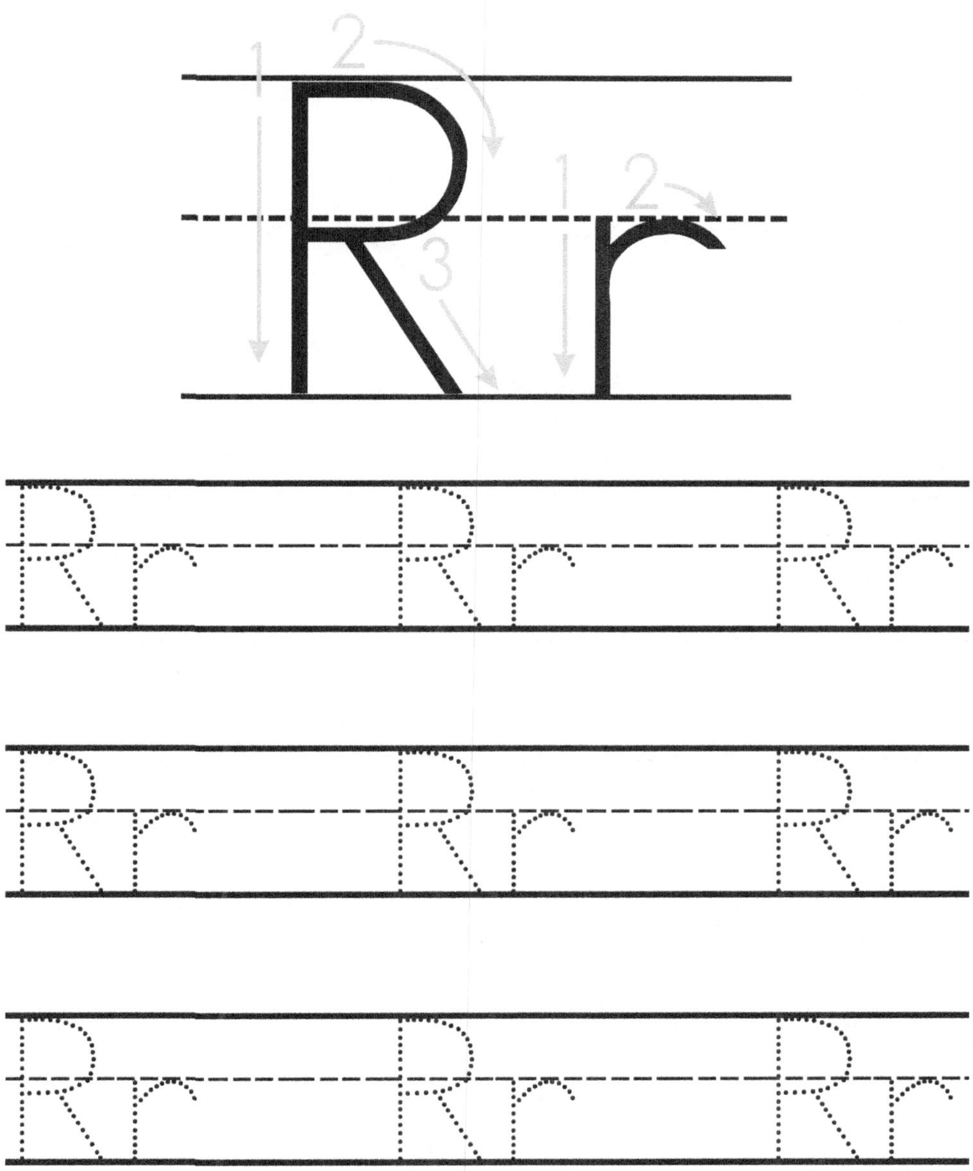

Traccia la lettera

Ss

Ss Ss Ss

Ss Ss Ss

Ss Ss Ss

Traccia la lettera

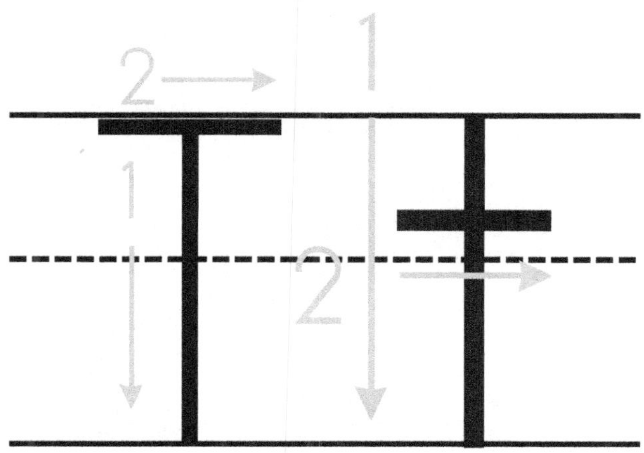

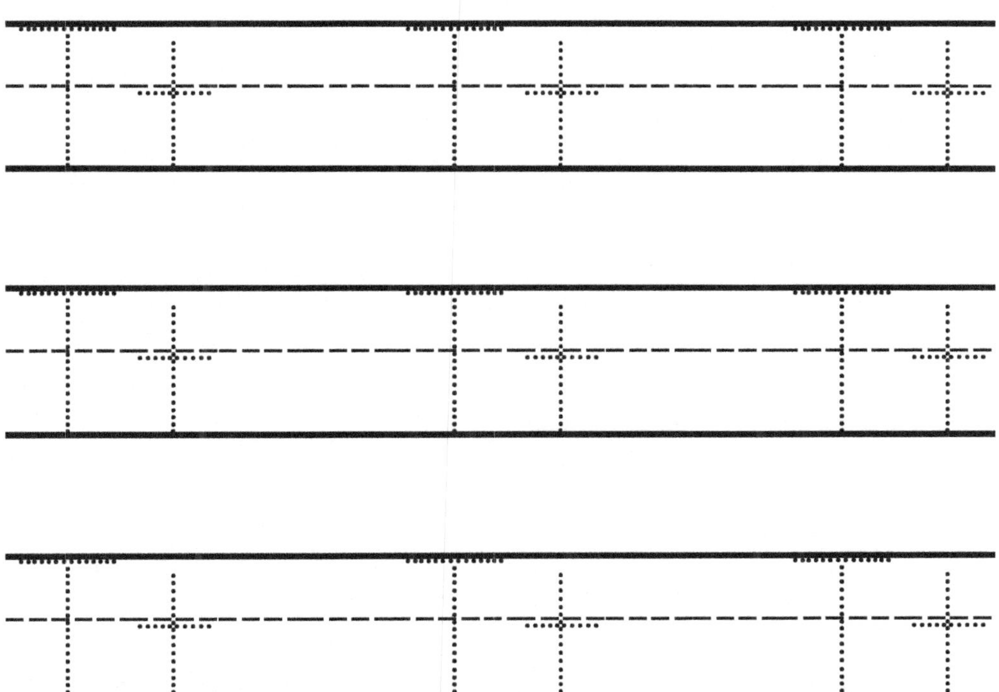

Traccia la lettera

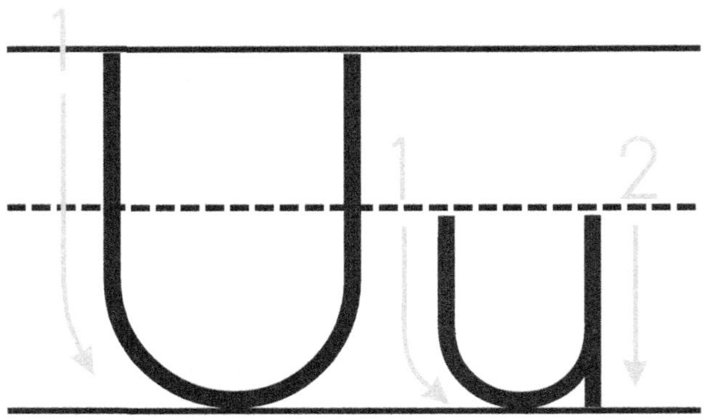

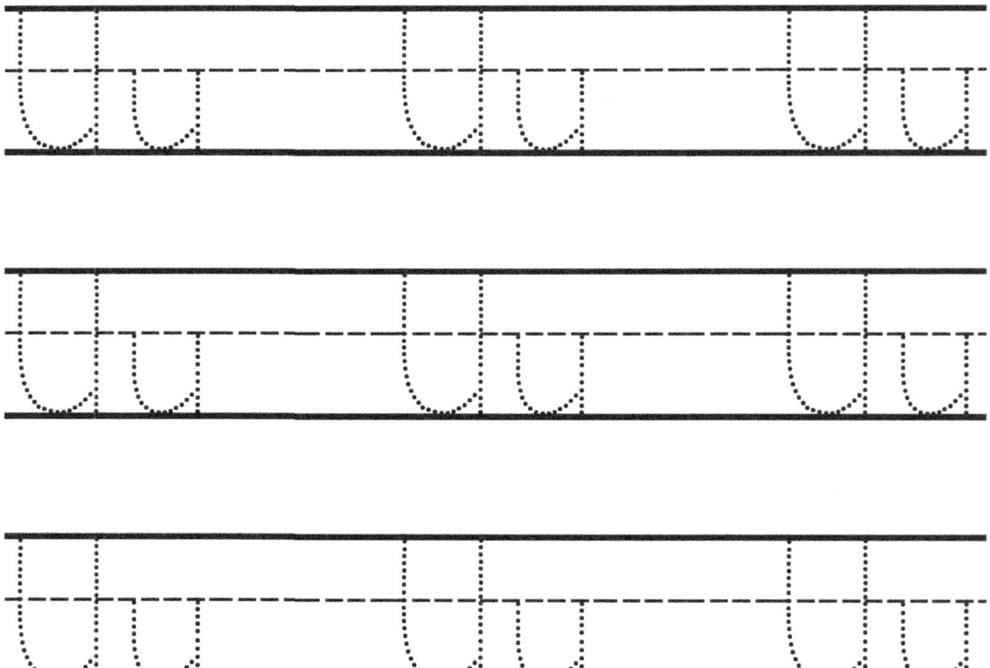

Traccia la lettera

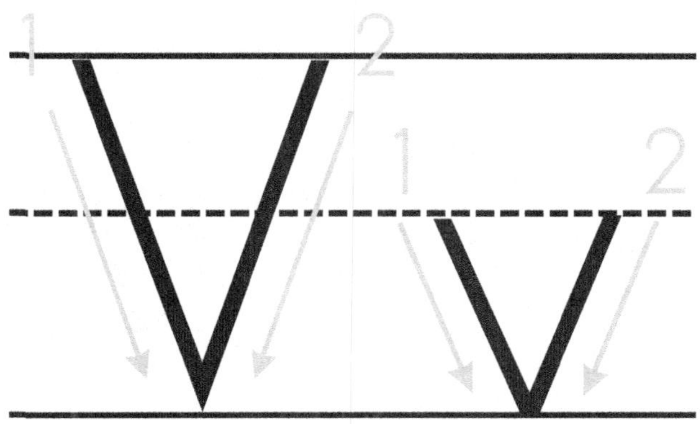

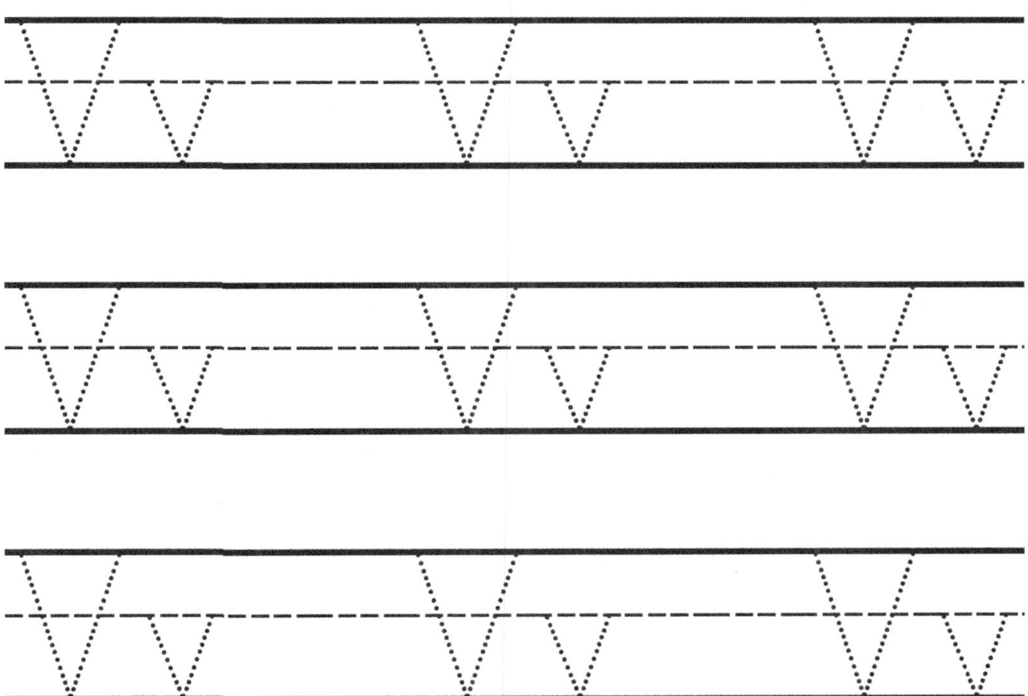

Traccia la lettera

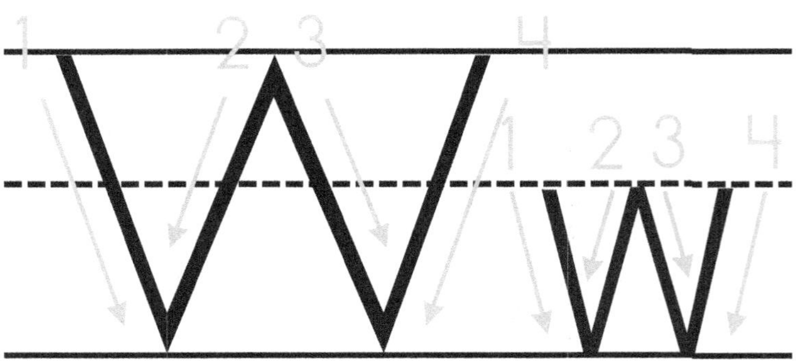

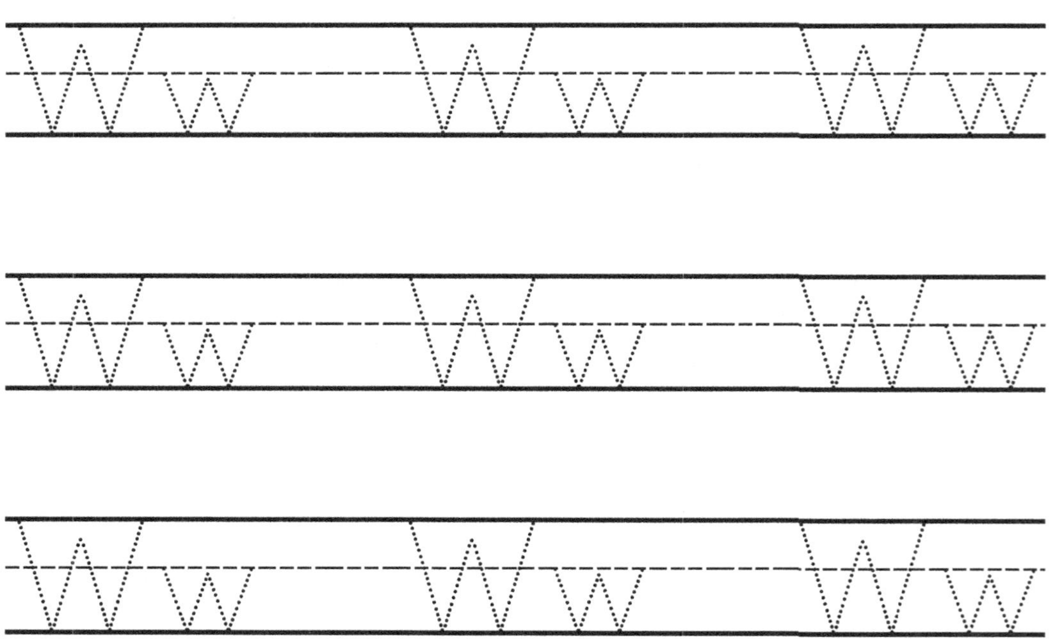

Traccia la lettera

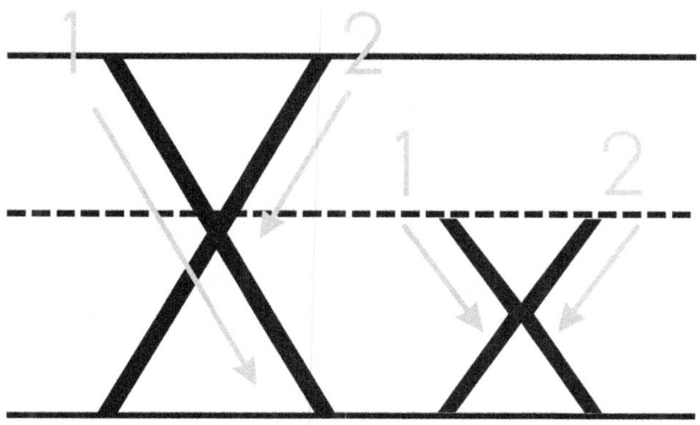

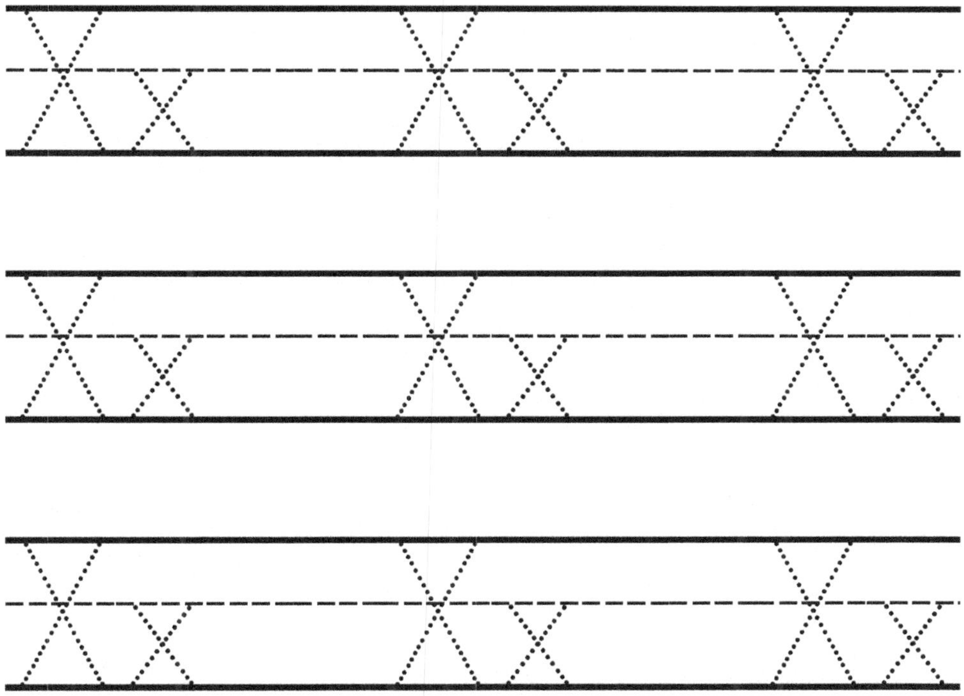

Traccia la lettera

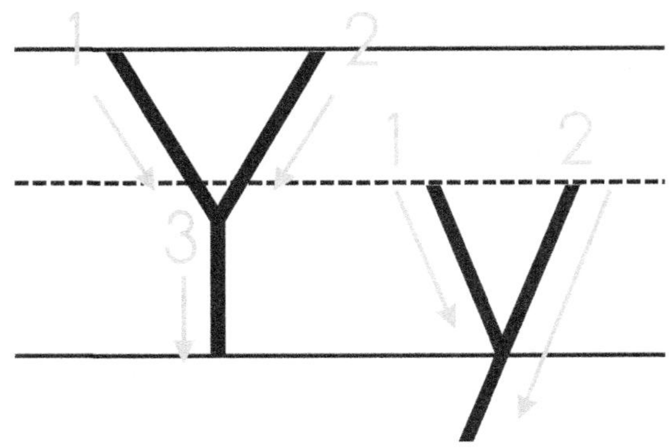

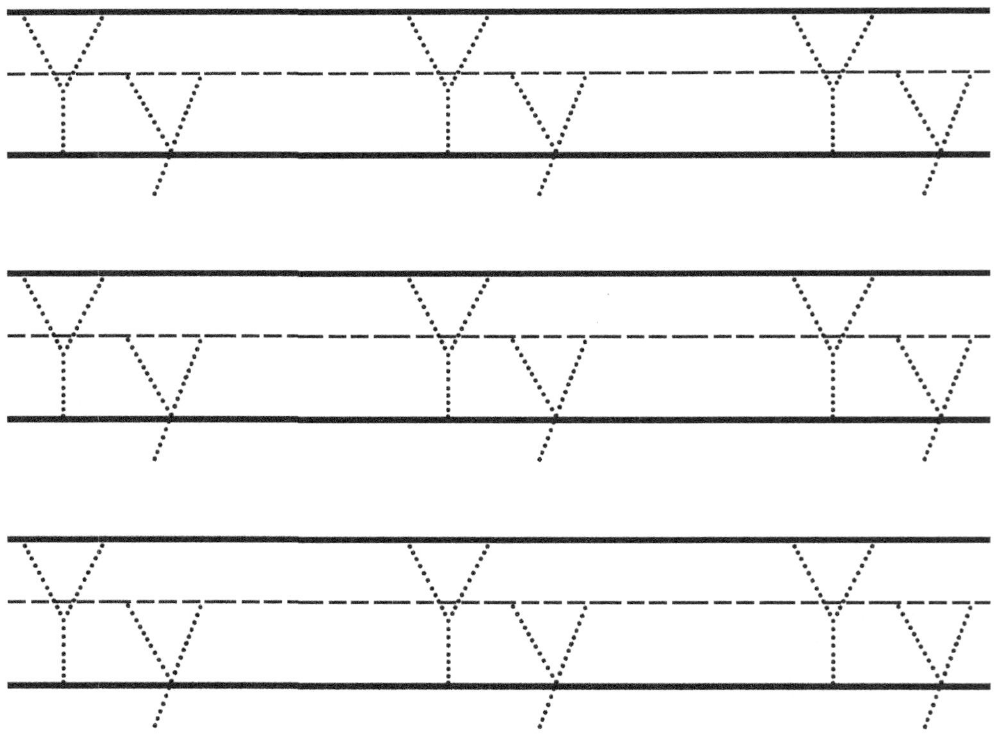

Traccia la lettera

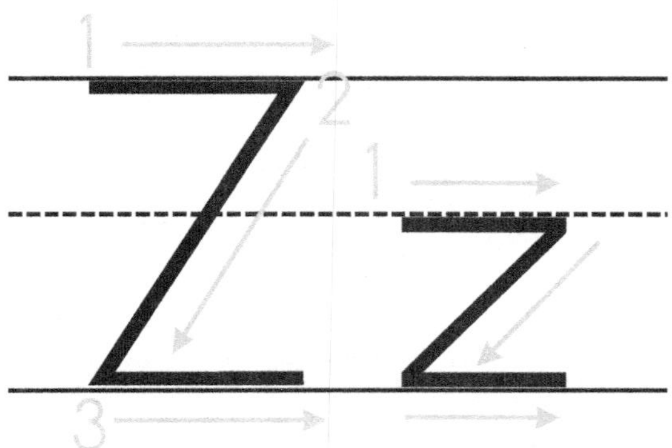

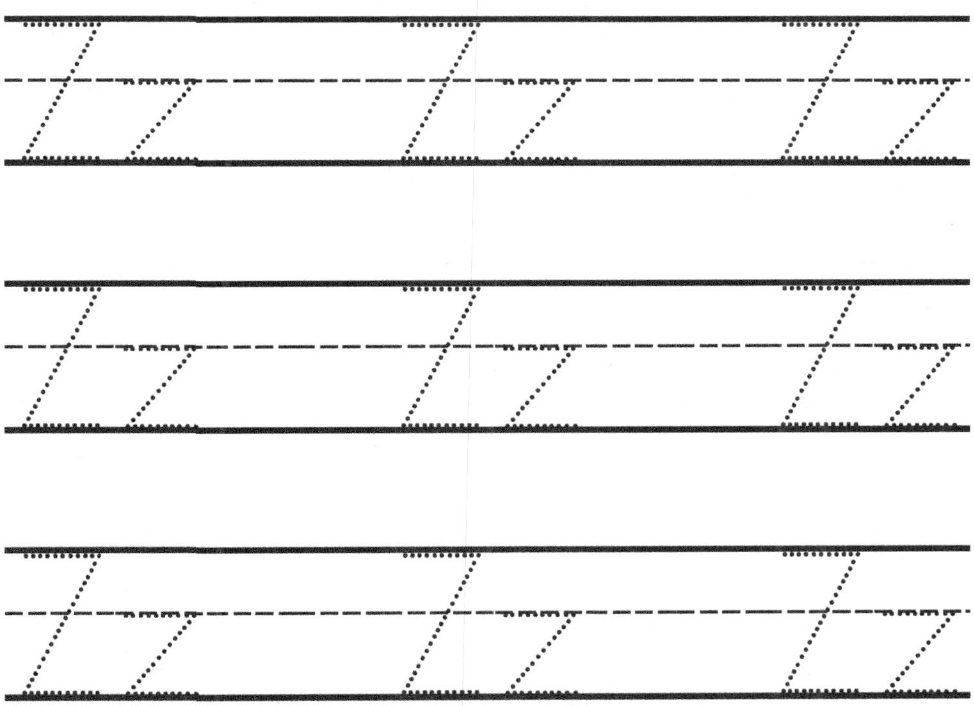

Alfabeto Animali

colora il nome e gli animali

coccodrillo

castoro

gatto

cane

elefante

volpe

capra

cavallo

stambecco

giaguaro

koala

leone

scimmia

narvalo

gufo

maiale

quokka

coniglio

bradipo

tartaruga

unicorno

avvoltoio

tricheco

pulcino

yak tibetano

zebra

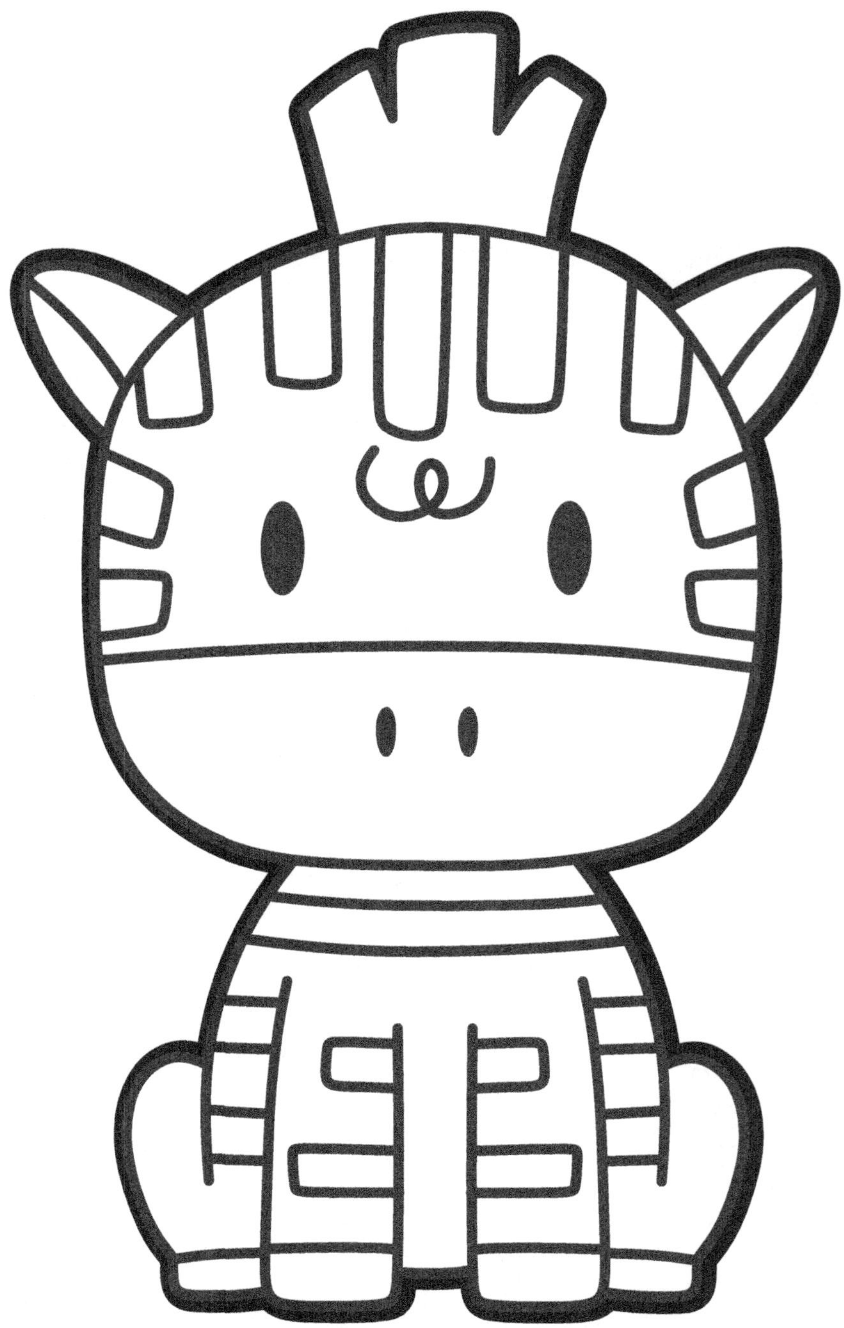

PREGRAFIA

TRACCIA LE LETTERE, ASSOCIA E COLORA LE FIGURE, TRACCIA IL NOME COMPLETO

A a

alligatore

B b

balena

C c

cane

Dd

dado

Ee

elefante

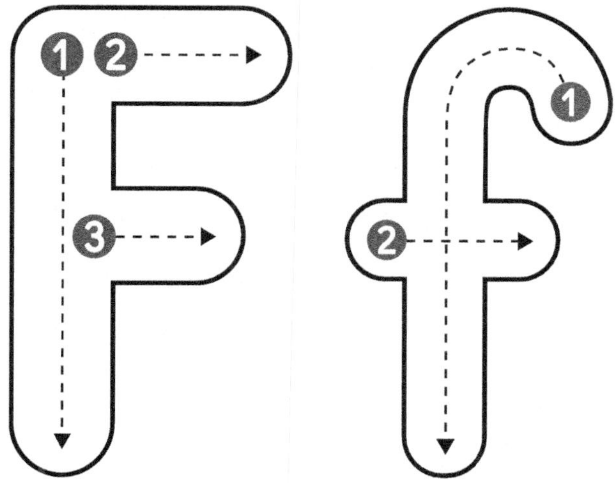

farfalla

Gg

gatto

J j

joistick

K k

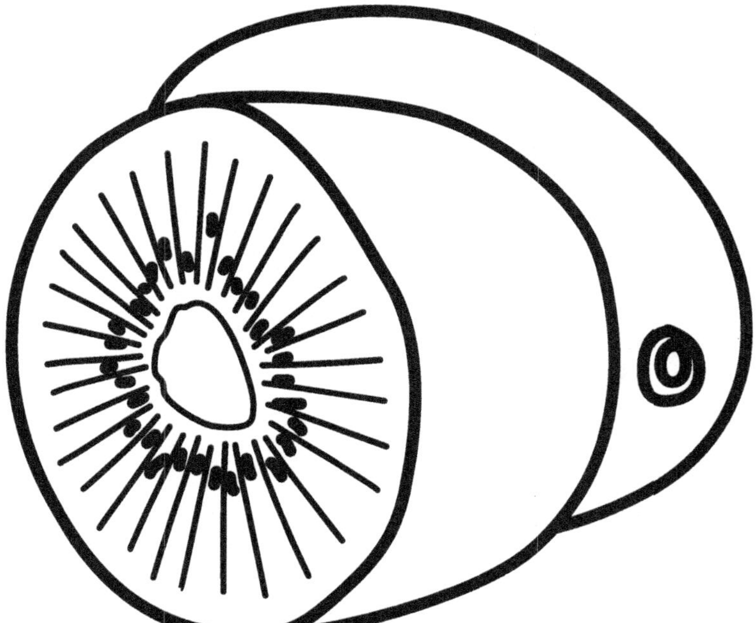

kiwi

L l

leone

M m

mela

N n

nuvola

Oo

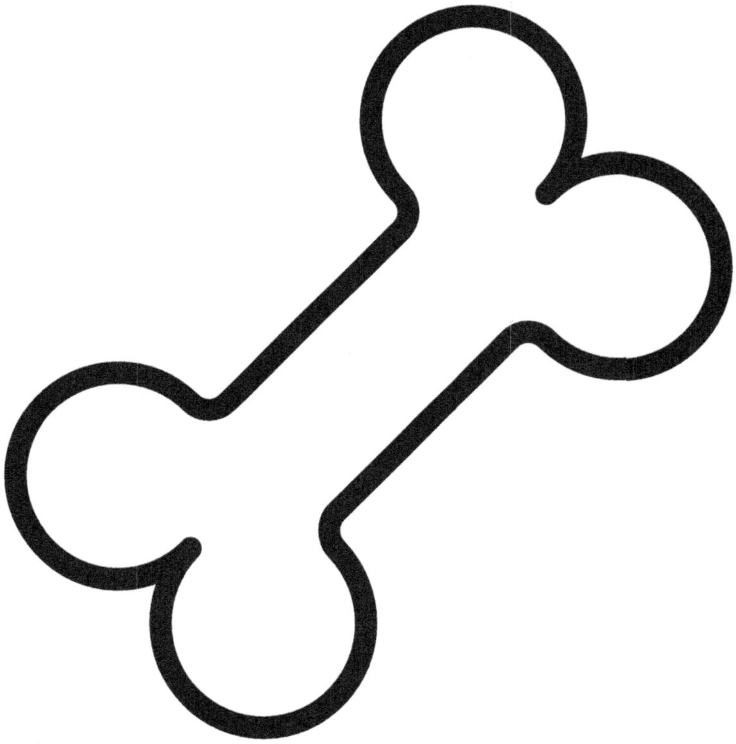

OSSO

P p

pera

Q q

quadro

Rr

rana

Ss

stambecco

T t

tartaruga

U u

unicorno

V v

valigia

Ww

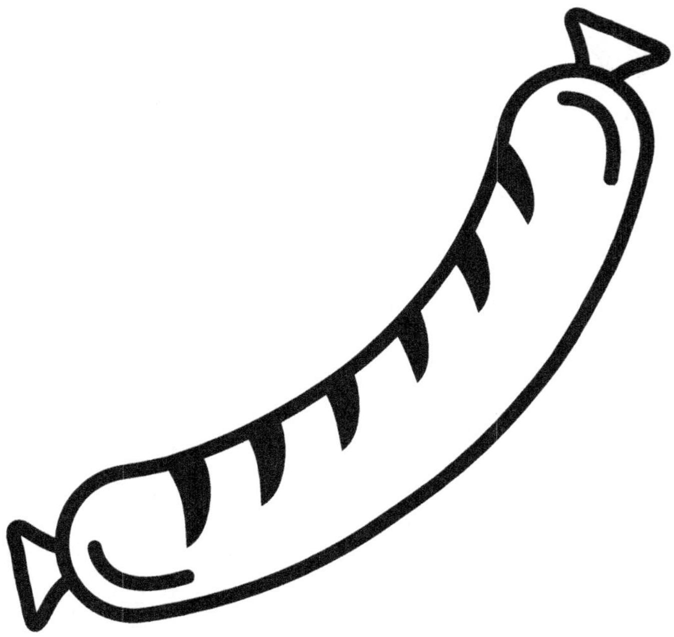

wurstel

X x

xantus (uccello)

Y y

yak (tibetano)

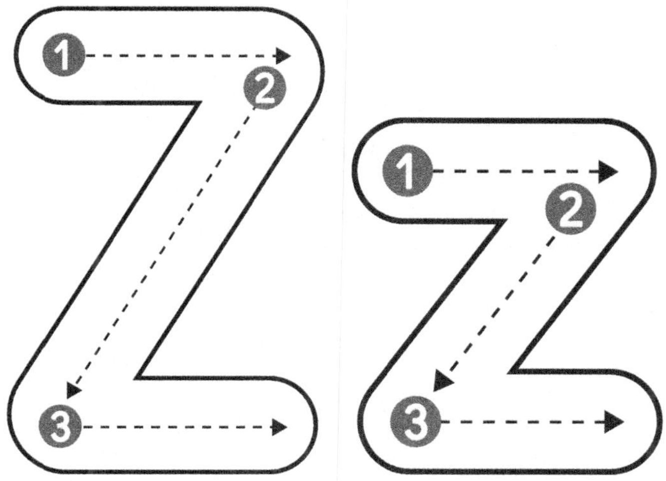

zebra

TRACCIA FRUTTA E IL NOME

mela

pera

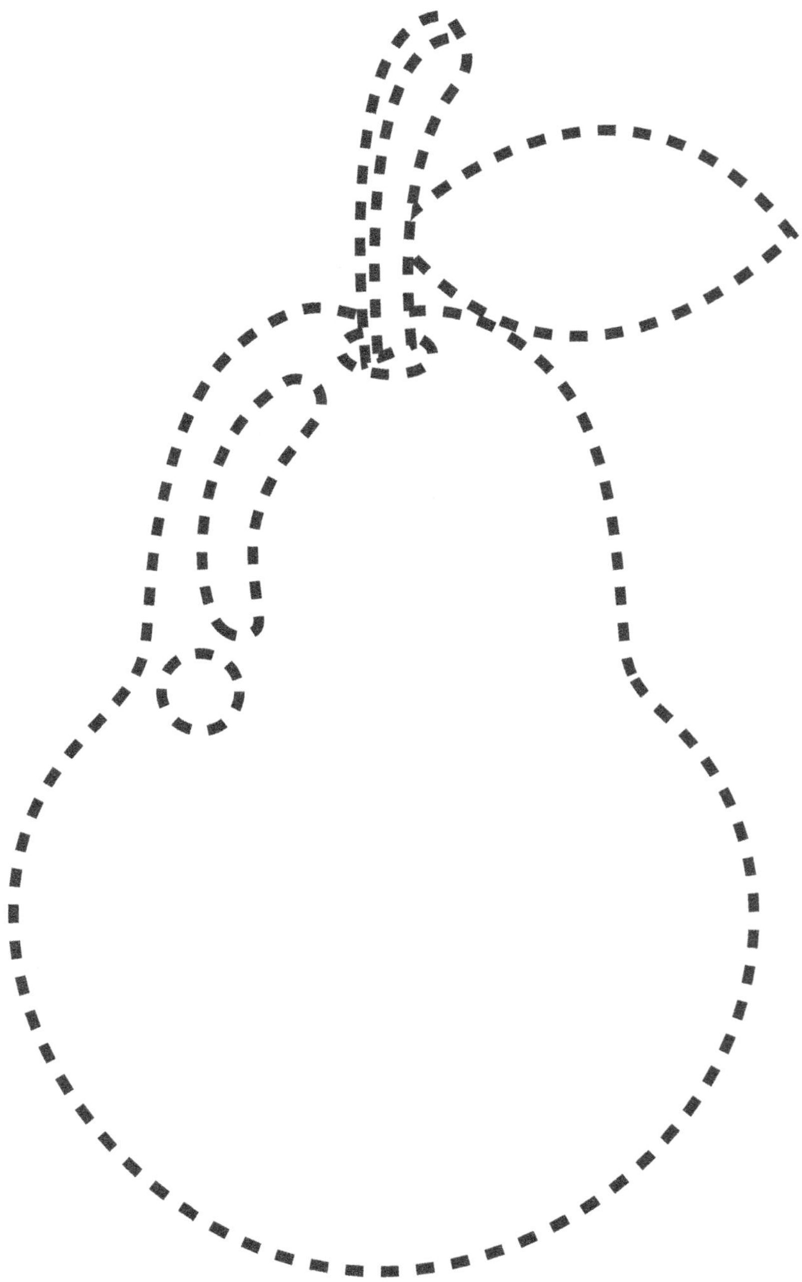

zucca

banana

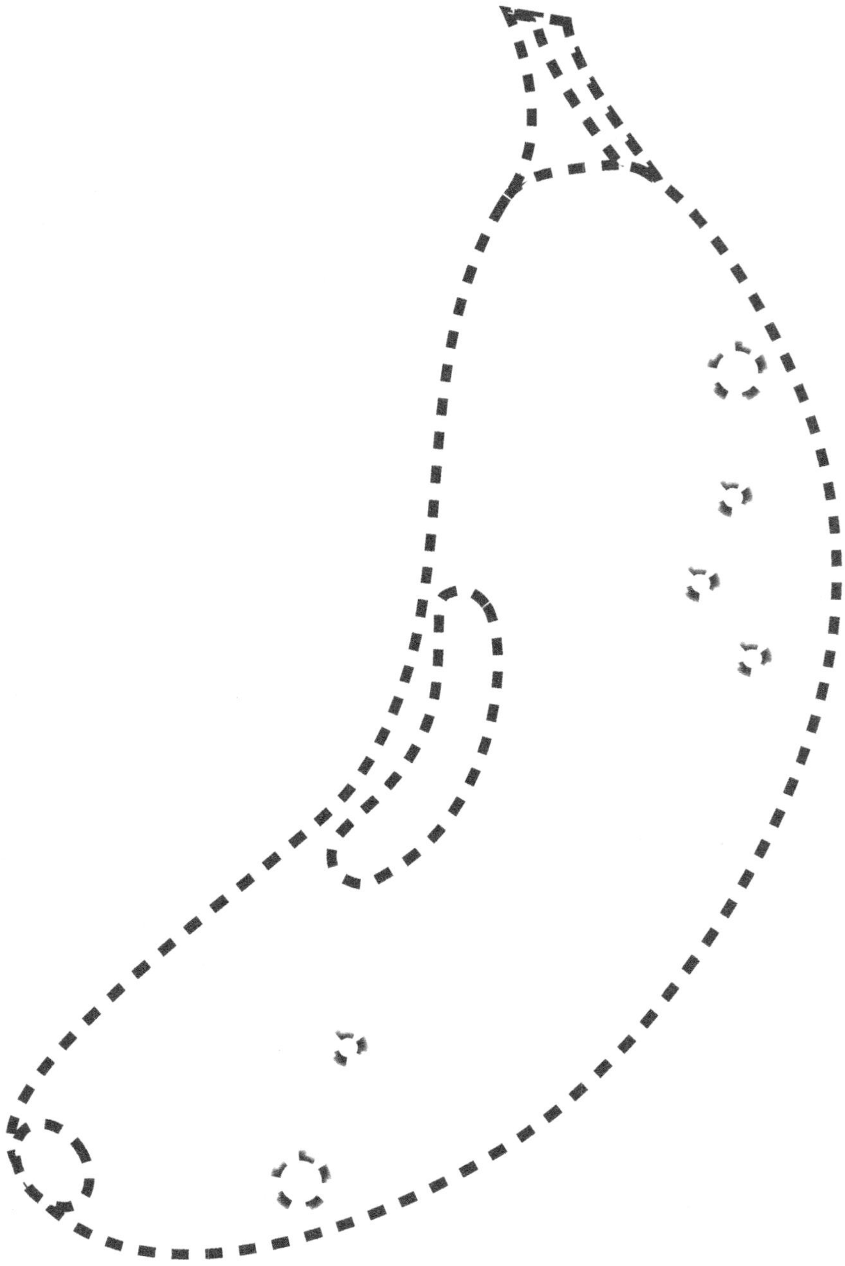

mangostano

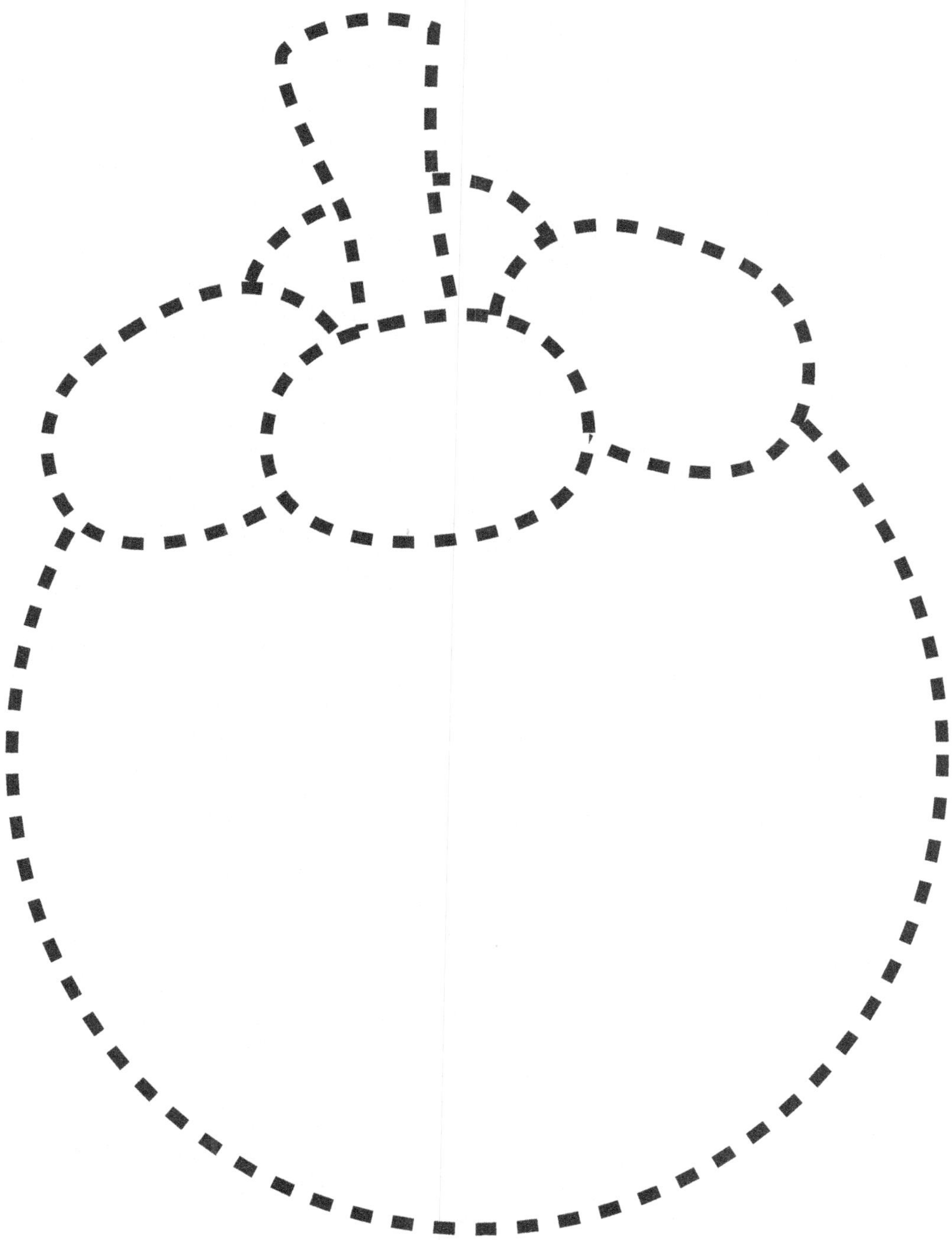

avocado

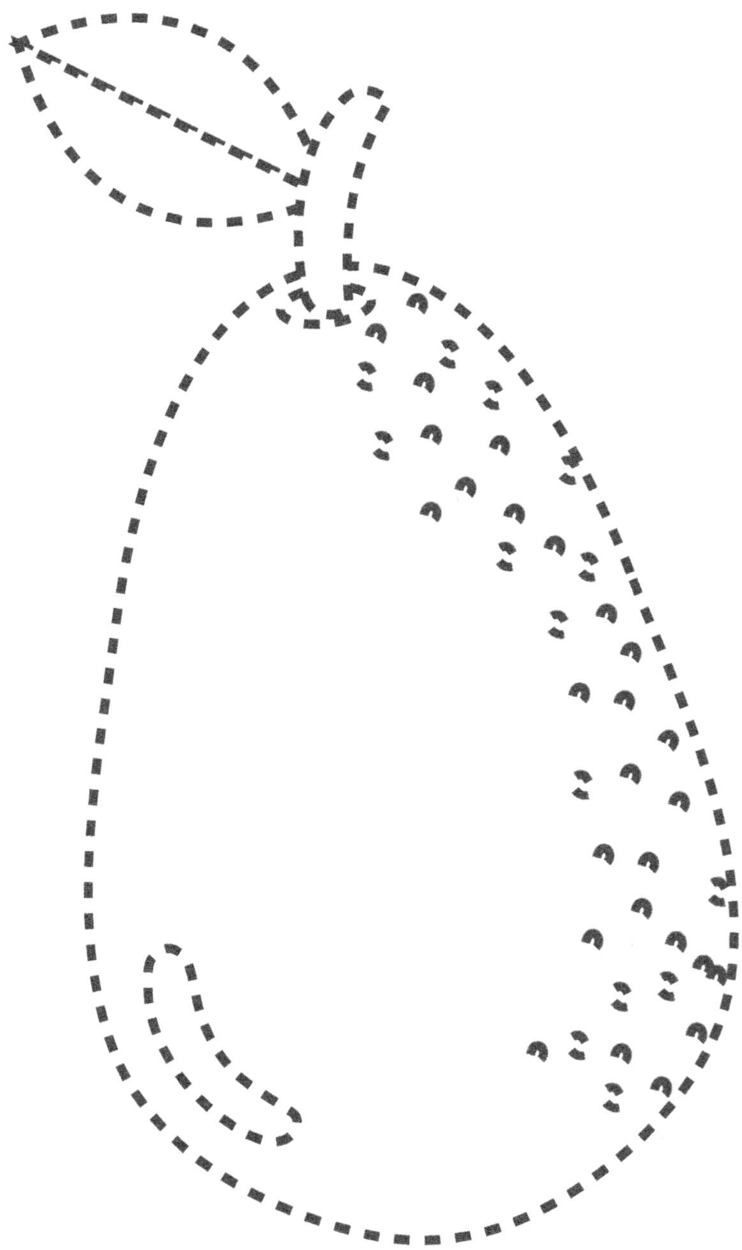

fragola

pesca

frutto del drago

pitaya

arancia

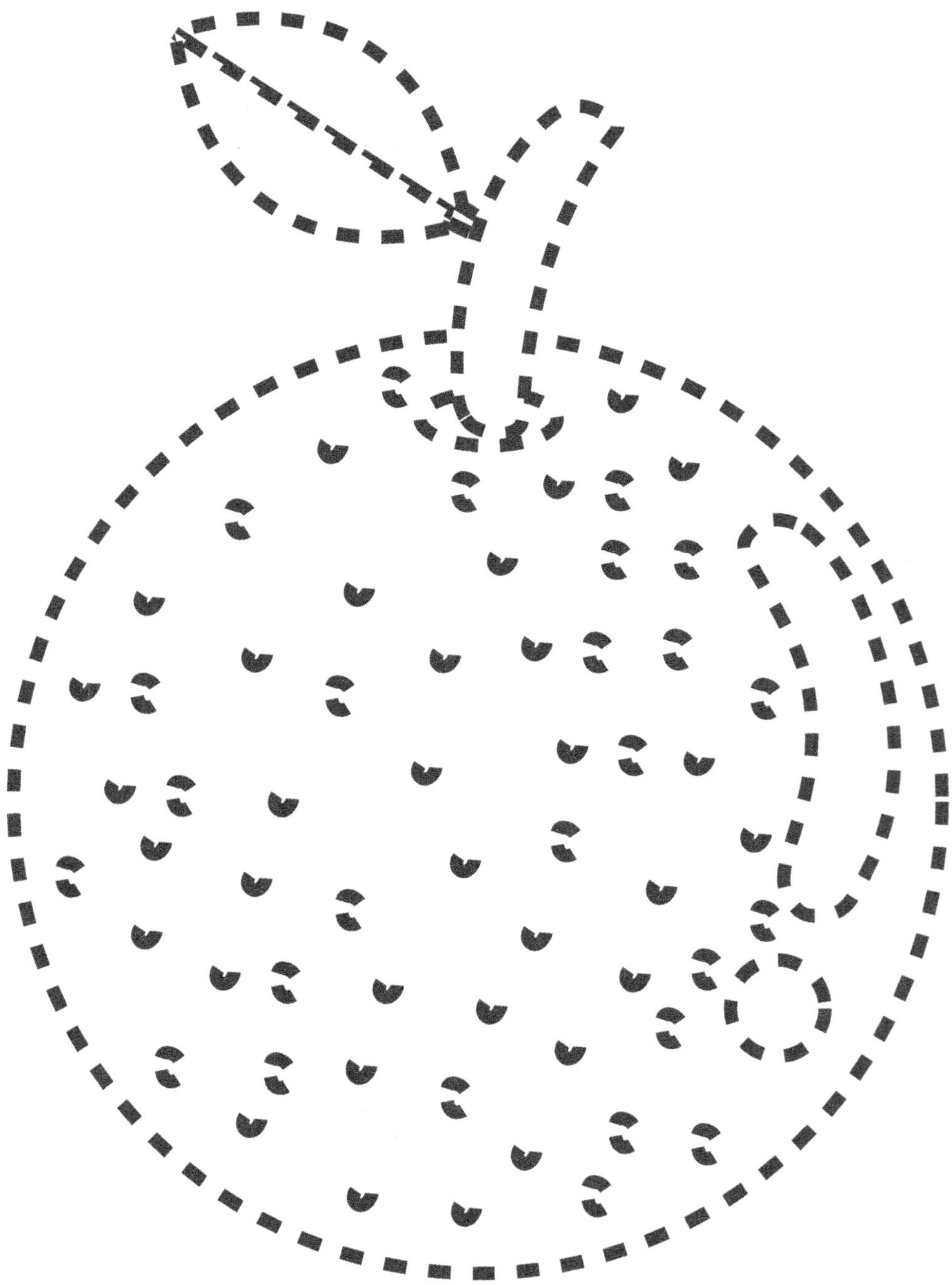

anguria

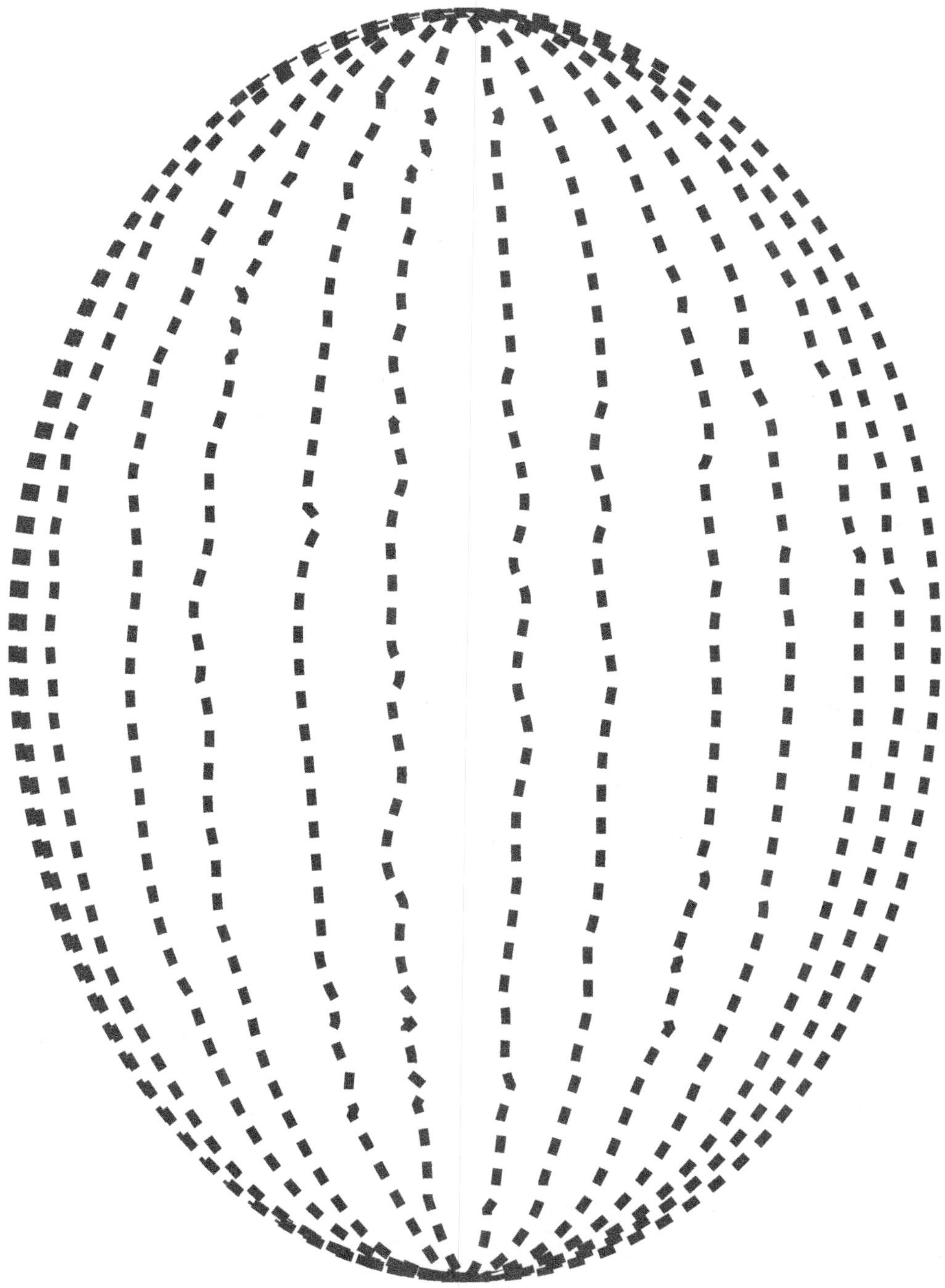

NUMERI

COLORA E IMPARA

ZERO

UNO

DUE

TRE

QUATTRO

CINQUE

SEI

SETTE

OTTO

NOVE

ORA ESERCITATI A TRACCIARE I NUMERI

TRACCIA IL NUMERO 1

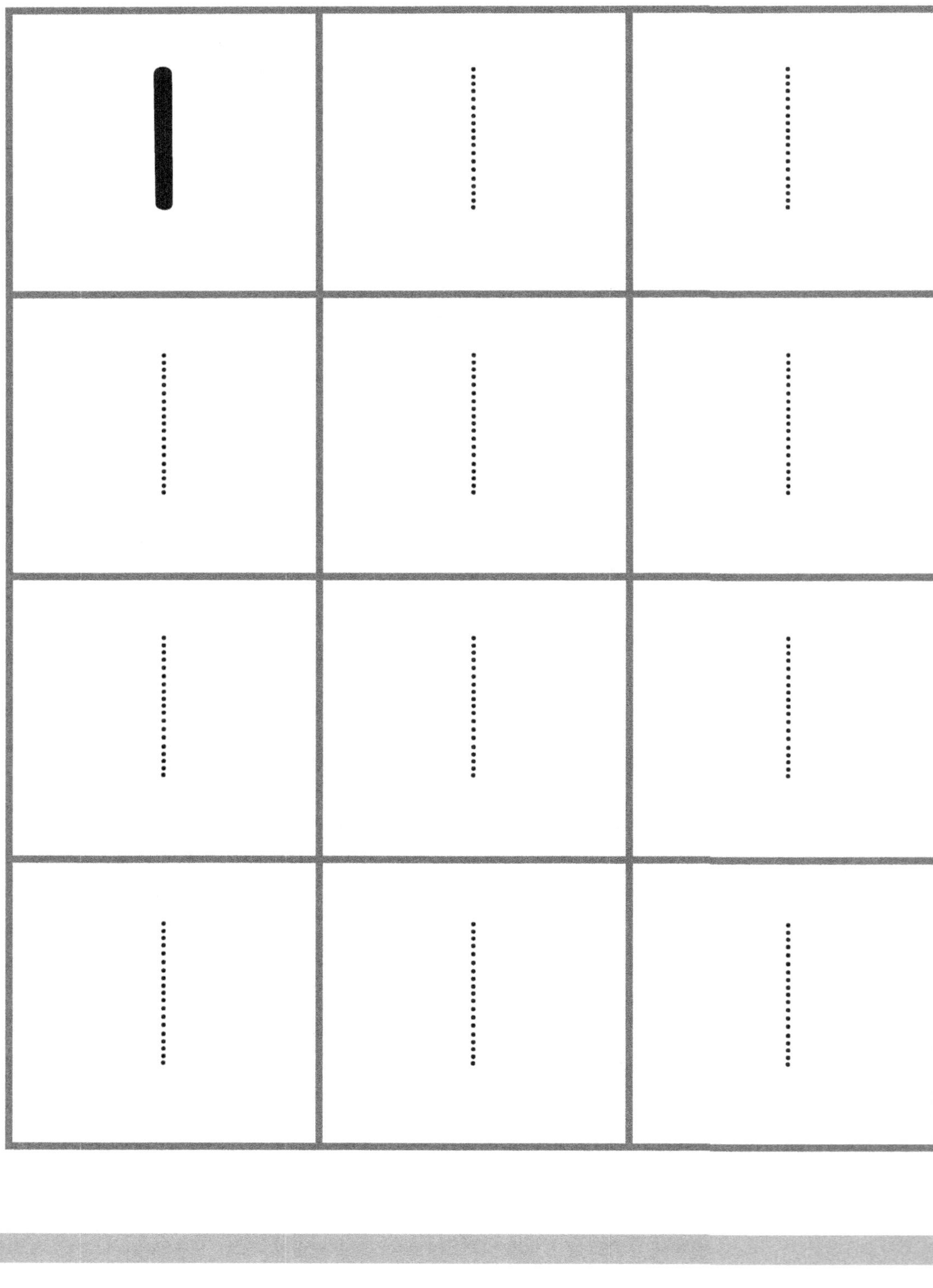

TRACCIA IL NUMERO 2

2	2	2
2	2	2
2	2	2
2	2	2

TRACCIA IL NUMERO 3

3	3	3
3	3	3
3	3	3
3	3	3

TRACCIA IL NUMERO 4

4	4	4
4	4	4
4	4	4
4	4	4

TRACCIA IL NUMERO 5

5	5	5
5	5	5
5	5	5
5	5	5

TRACCIA IL NUMERO 6

6	6	6
6	6	6
6	6	6
6	6	6

TRACCIA IL NUMERO 7

7	7	7
7	7	7
7	7	7
7	7	7

TRACCIA IL NUMERO 8

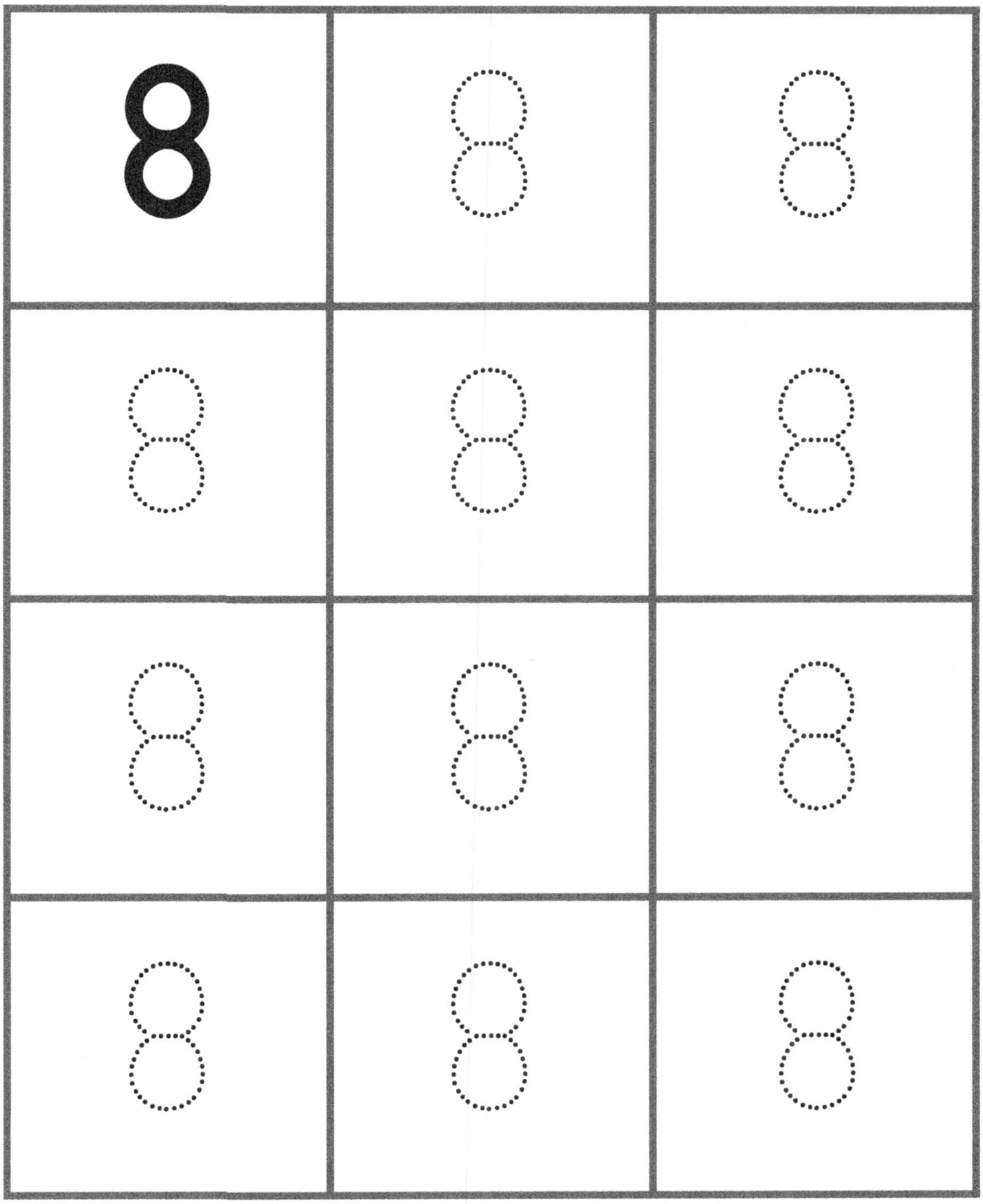

TRACCIA IL NUMERO 9

9	9	9
9	9	9
9	9	9
9	9	9

TRACCIA IL NUMERO 10

10	10	10
10	10	10
10	10	10
10	10	10

TRACCIA LA PAROLA, RICONOSCI I COLORI, TAGLIA E RICOMPONI

ALLENAMENTO DI ABILITÀ MOTORIE

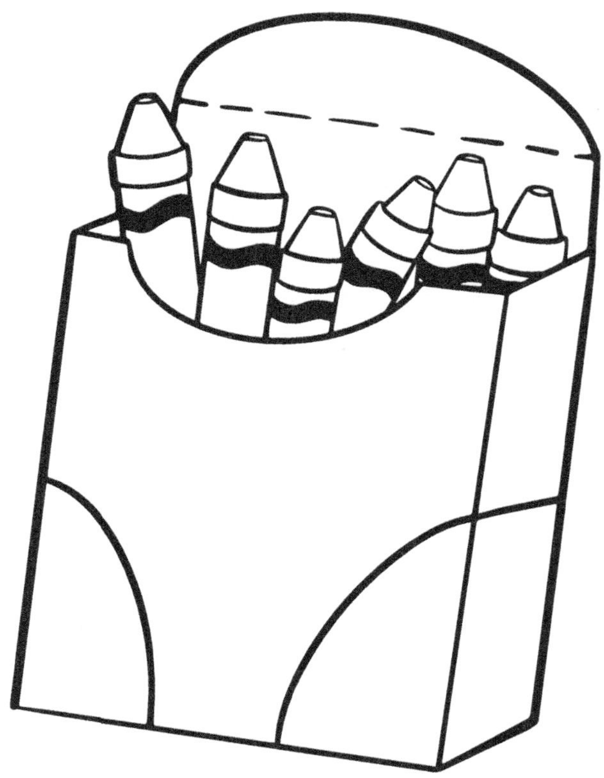

rosso

Traccia la parola rosso.

rosso rosso rosso

Colora ogni immagine di rosso.

Taglia le lettere e incolla l'ortografia corretta sopra.

s	s	o	r	o

arancio

Traccia la parola rosso.

arancio arancio arancio

Colora ogni immagine di arancio

Taglia le lettere e incolla l'ortografia corretta sopra.

a	a	n	r	c	o	i

giallo

Traccia la parola giallo.

giallo giallo giallo

Colora ogni immagine di giallo

Taglia le lettere e incolla l'ortografia corretta sopra.

a	i	g	o	l	l

verde

Traccia la parola verde.

verde verde verde

Colora ogni immagine di verde

Taglia le lettere e incolla l'ortografia corretta sopra.

e	v	r	e	d

blu

Traccia la parola blu.

blu blu blu blu

Colora ogni immagine di blu

Taglia le lettere e incolla l'ortografia corretta sopra.

u	b	l

porpora

Traccia la parola porpora.

porpora porpora

Colora ogni immagine di porpora

Taglia le lettere e incolla l'ortografia corretta sopra.

r	o	p	p	o	r	a

rosa

Traccia la parola rosa.

rosa rosa rosa

Colora ogni immagine di rosa

Taglia le lettere e incolla l'ortografia corretta sopra.

o	r	s	a

marrone

Traccia la parola marrone.

marrone marrone

Colora ogni immagine di marrone

Taglia le lettere e incolla l'ortografia corretta sopra.

a	r	m	o	r	n	e

nero

Traccia la parola nero.

nero nero nero

Colora ogni immagine di nero

Taglia le lettere e incolla l'ortografia corretta sopra.

e n o r

Abilità di taglio

traccia il nome, colora la forma e taglia lungo le linee tratteggiate

stella

quadrato

pentagono

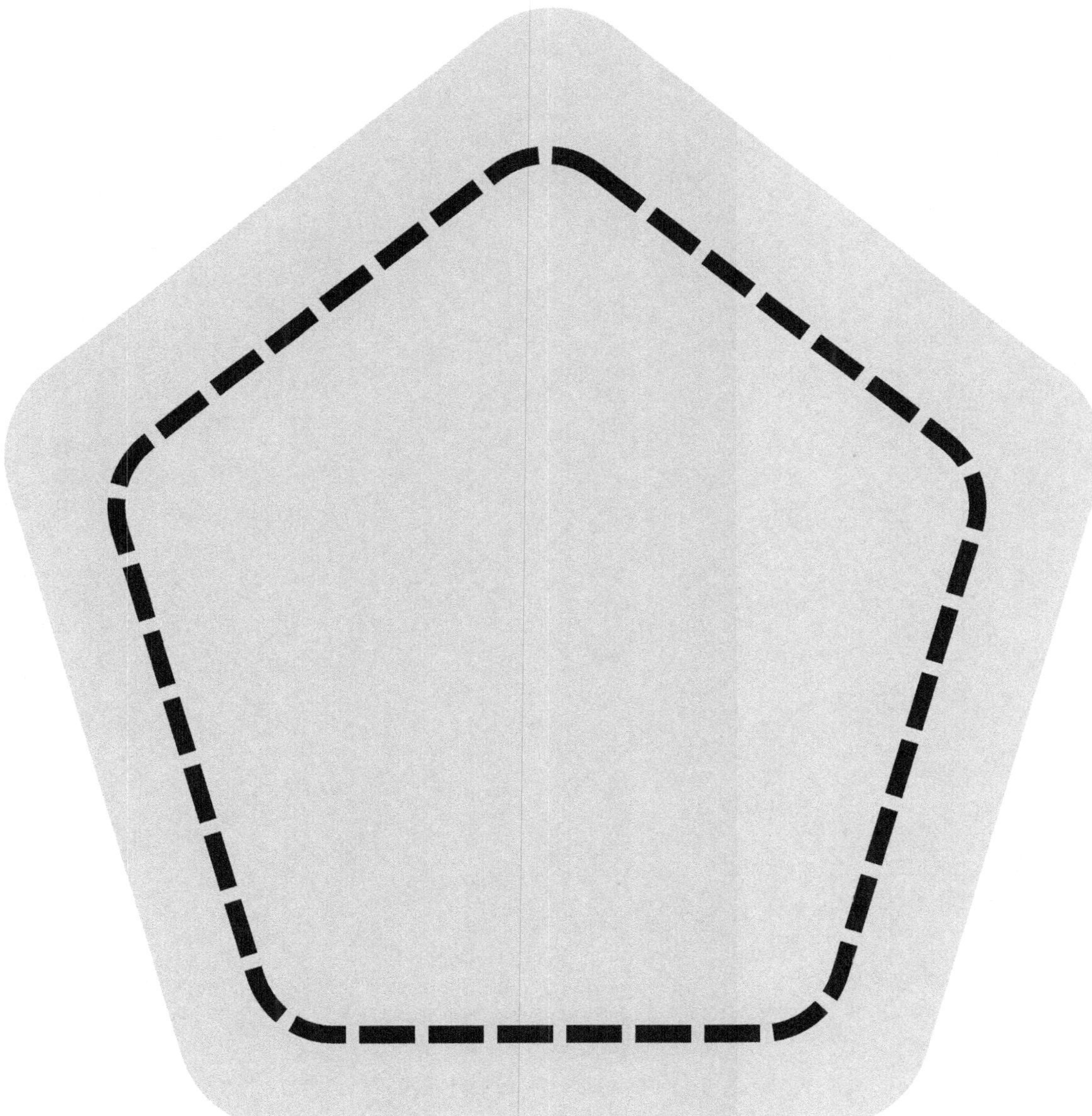

cerchio

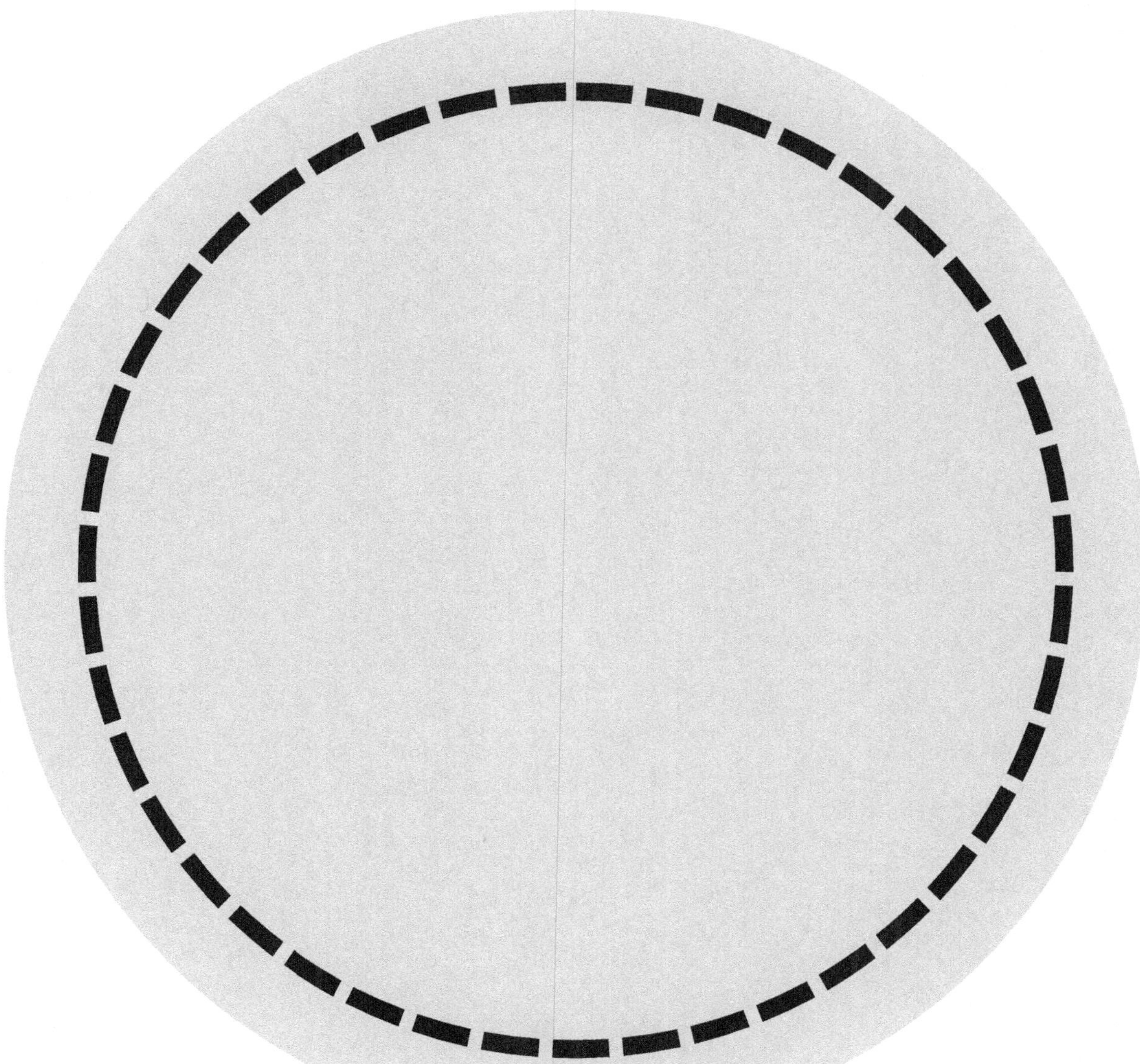

Ovovale

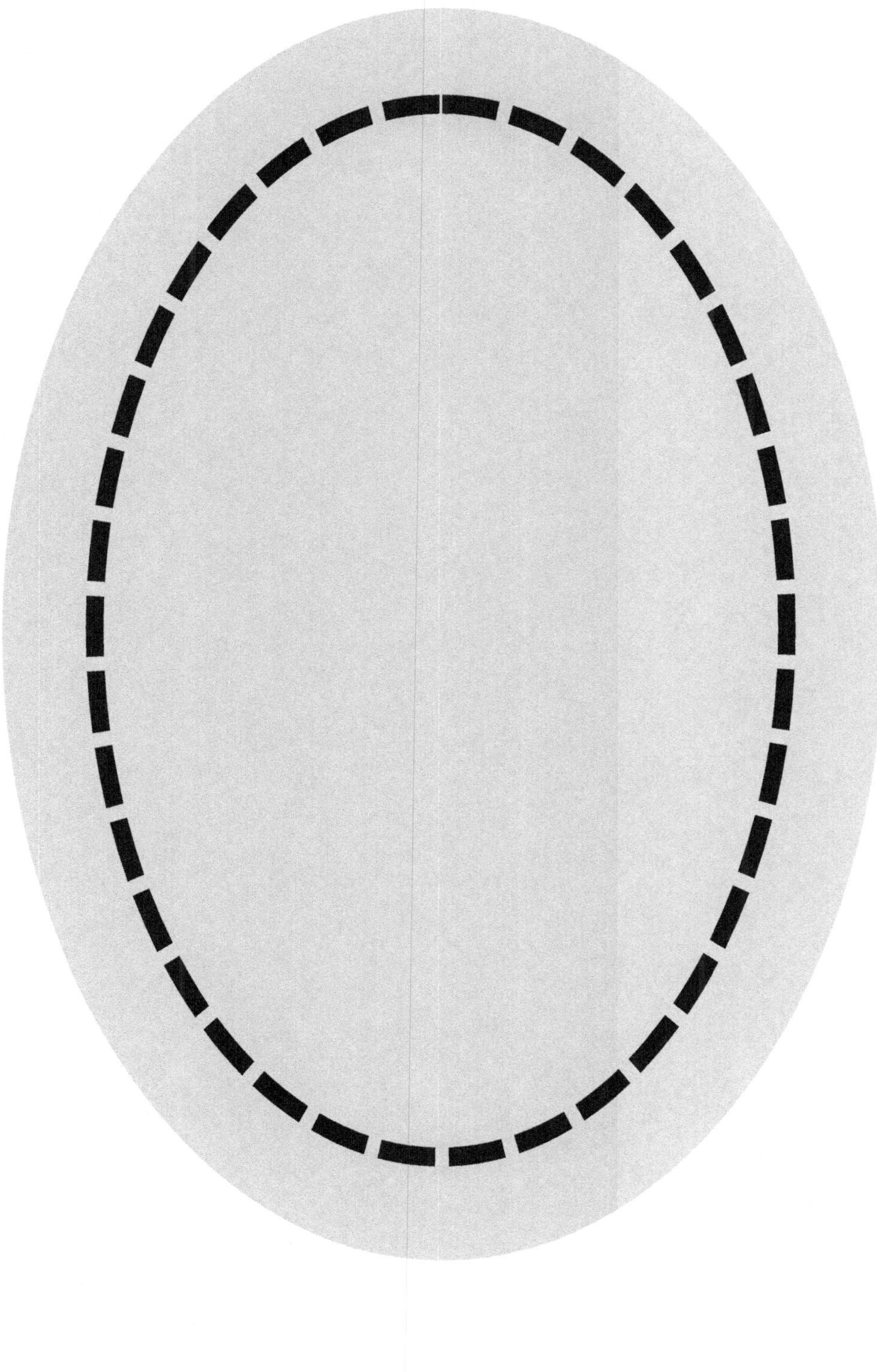

cuore

freccia

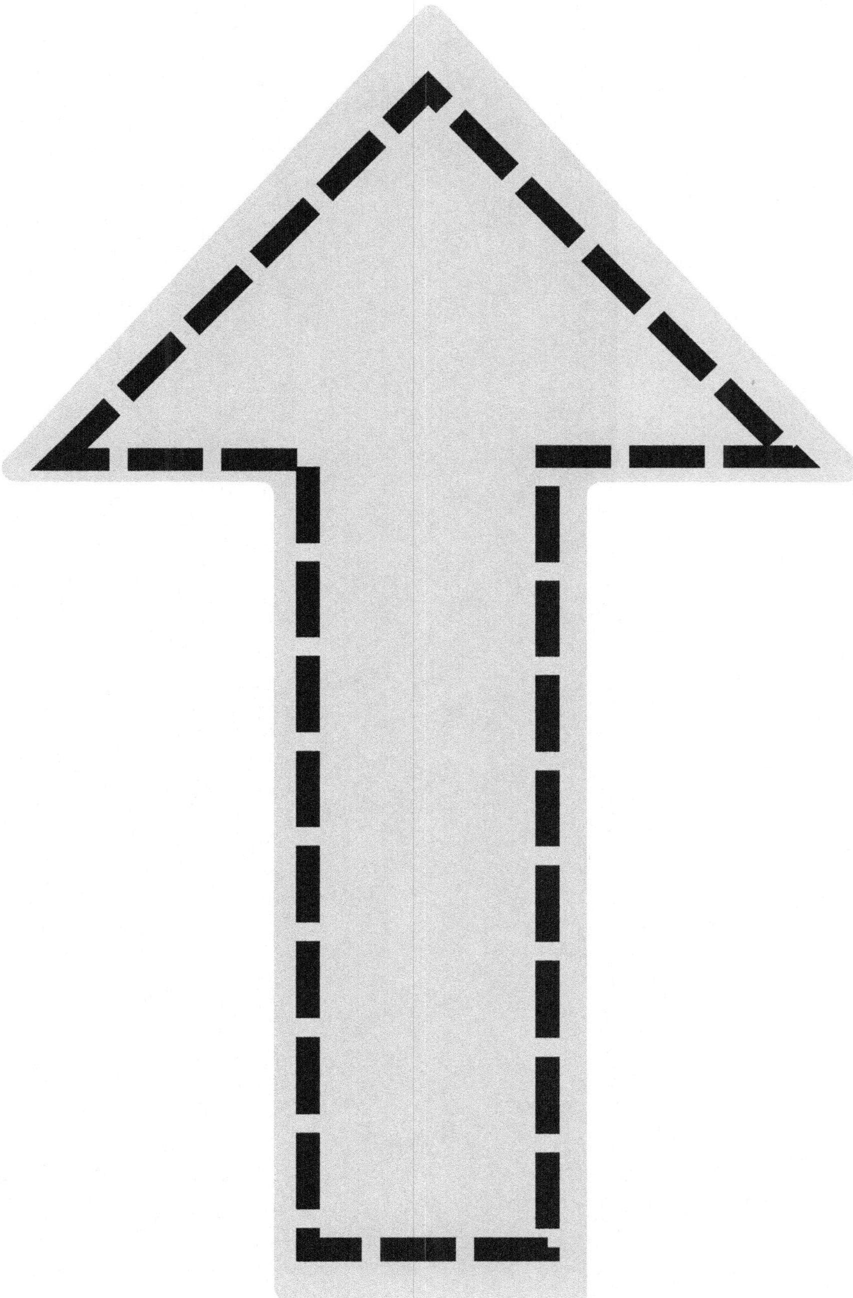

triangolo

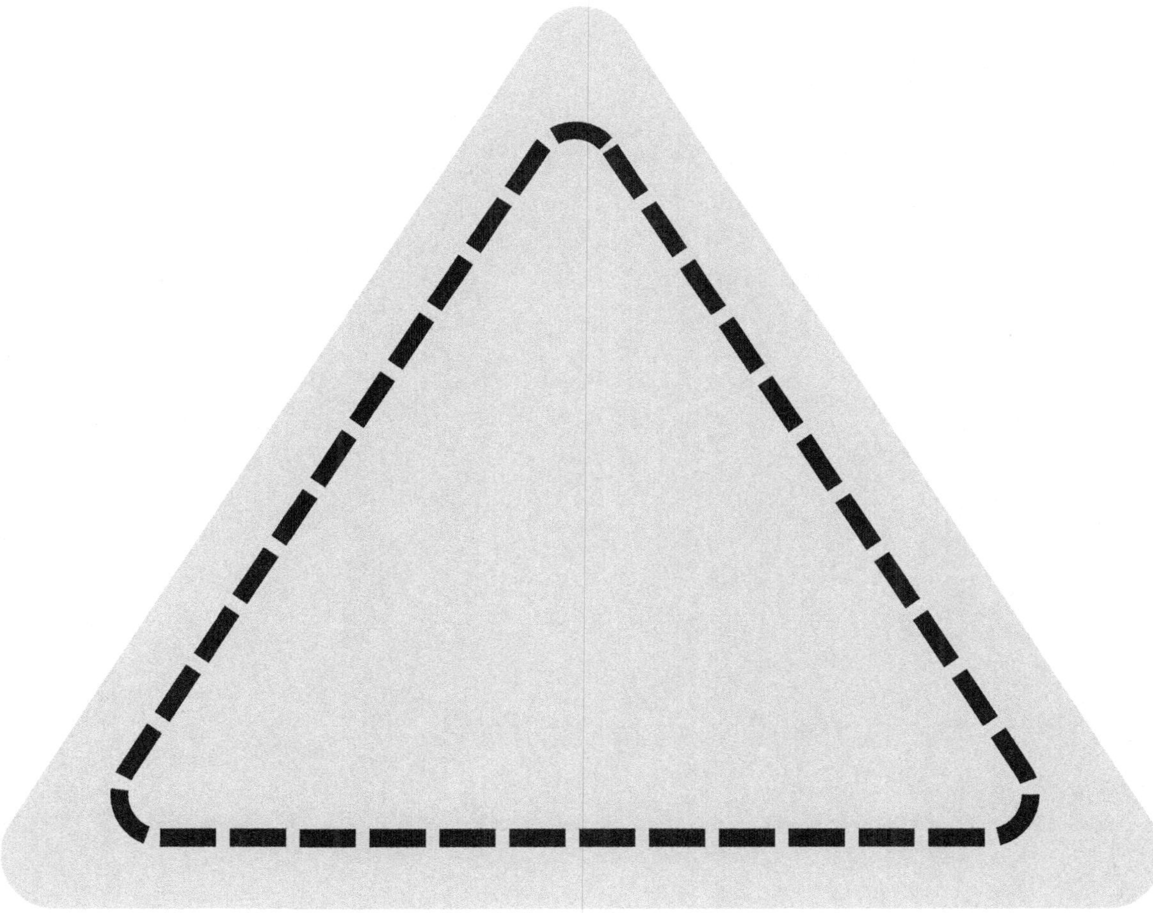

goccia

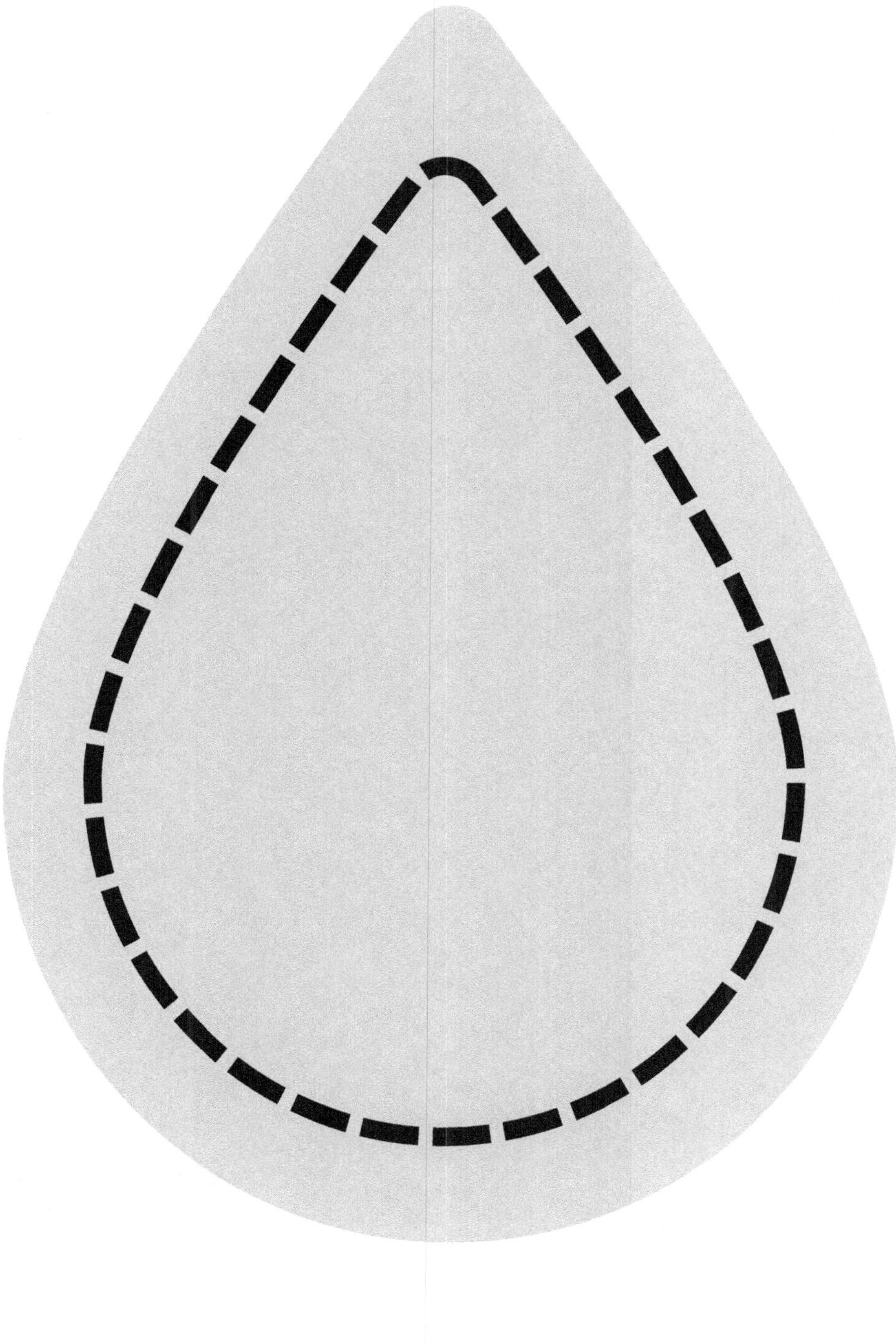

rombo

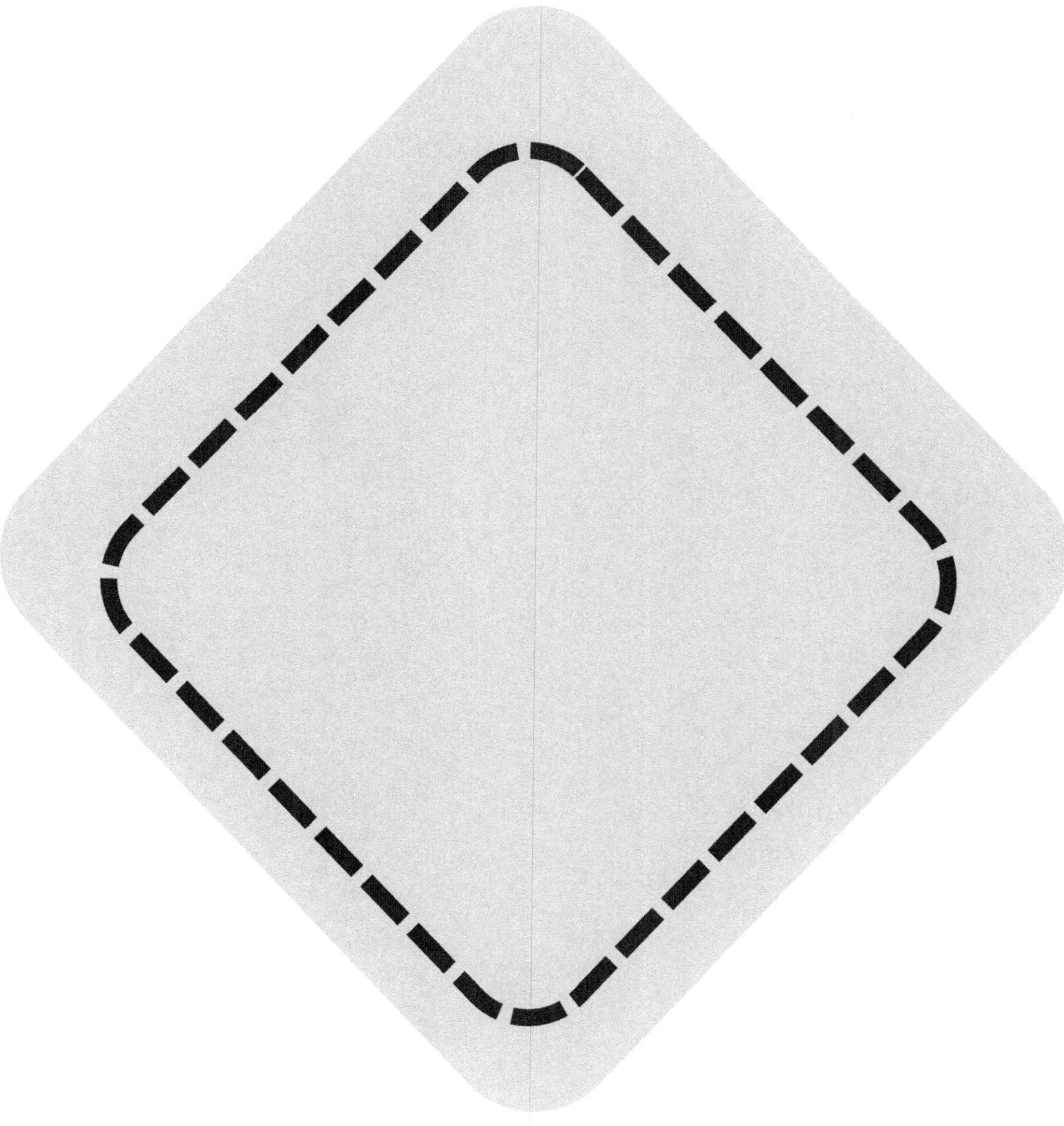

croce

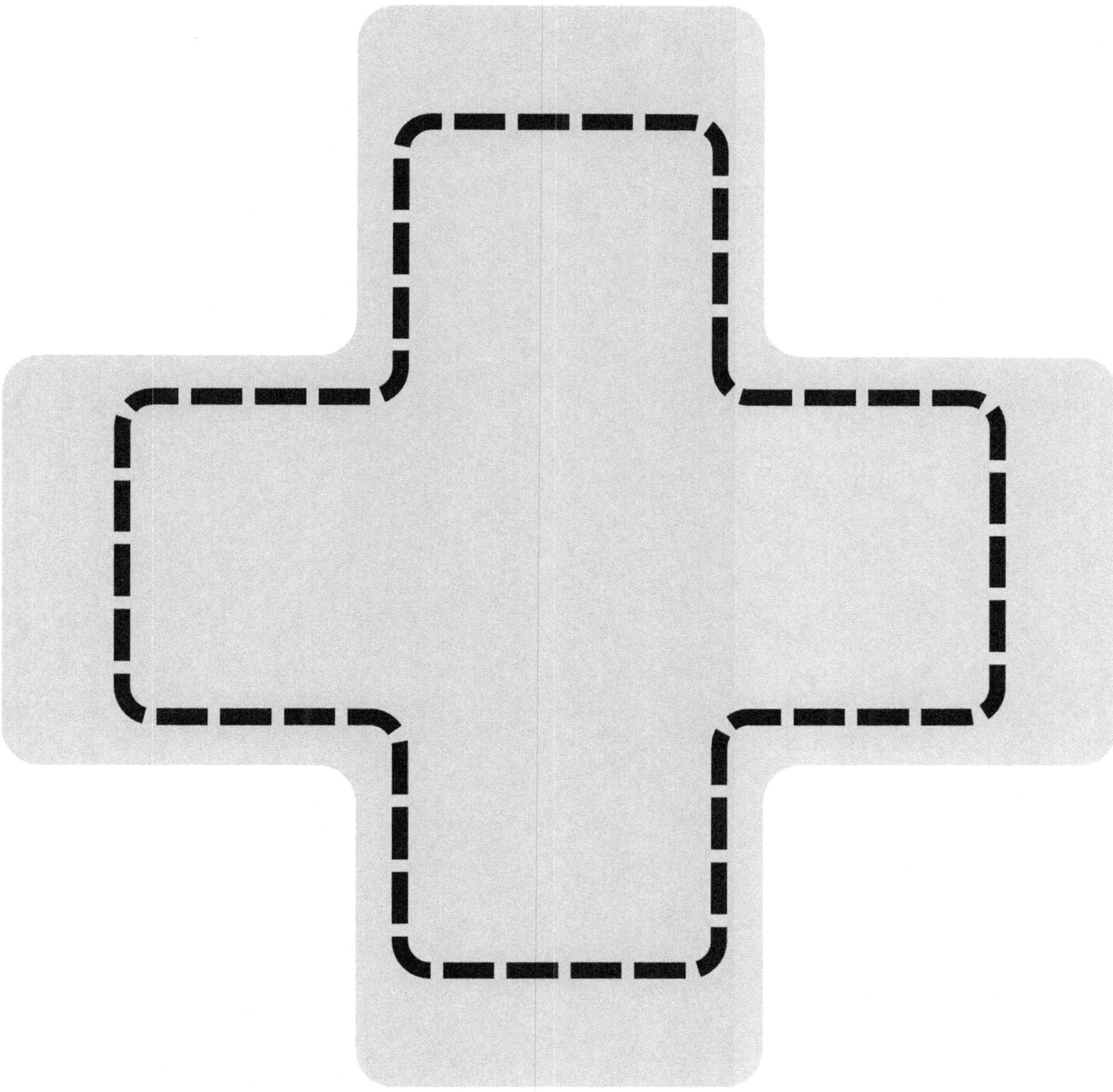

rettangolo

Abilità di taglio

colora le figure
e ritaglia lungo
le linee
tratteggiate.

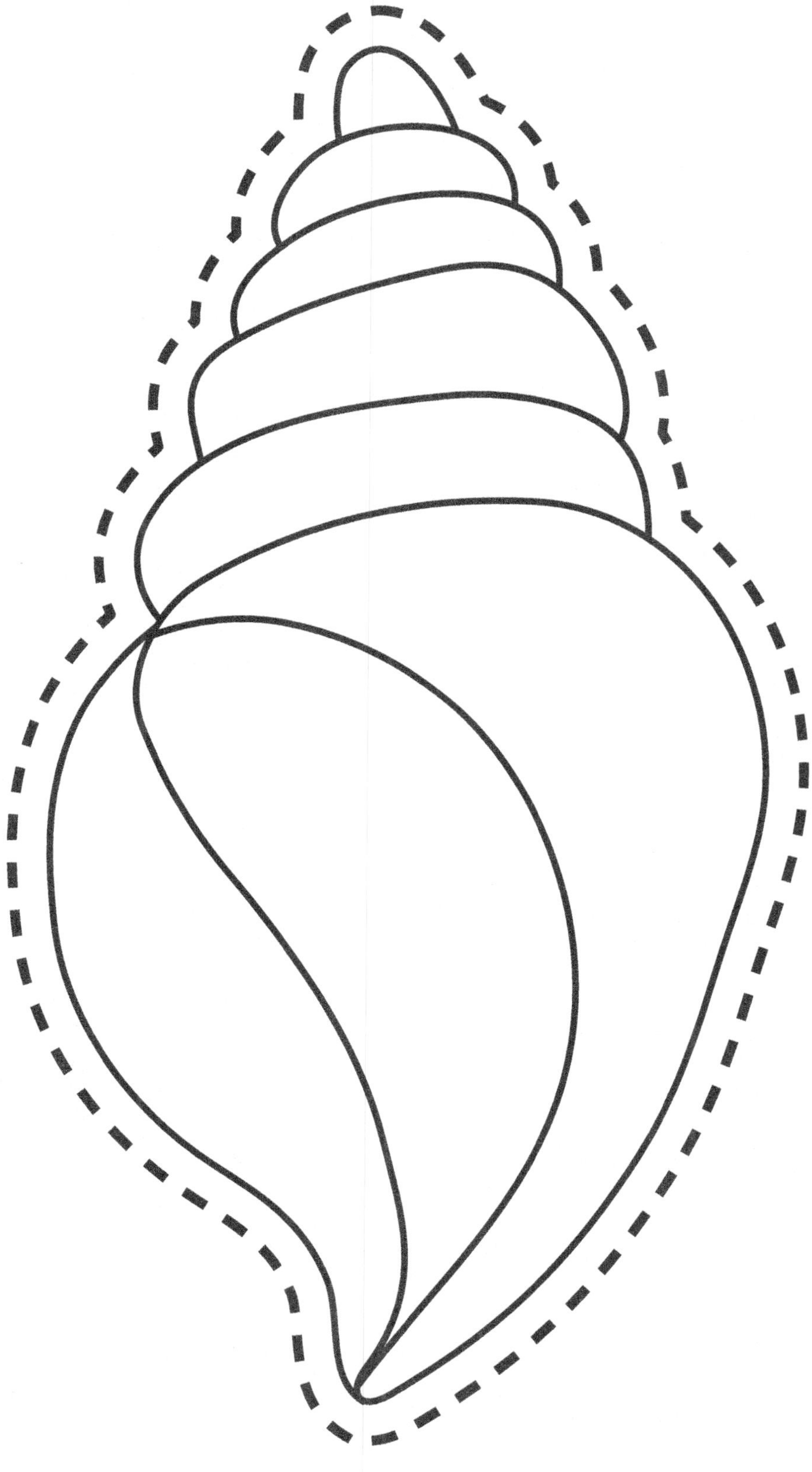

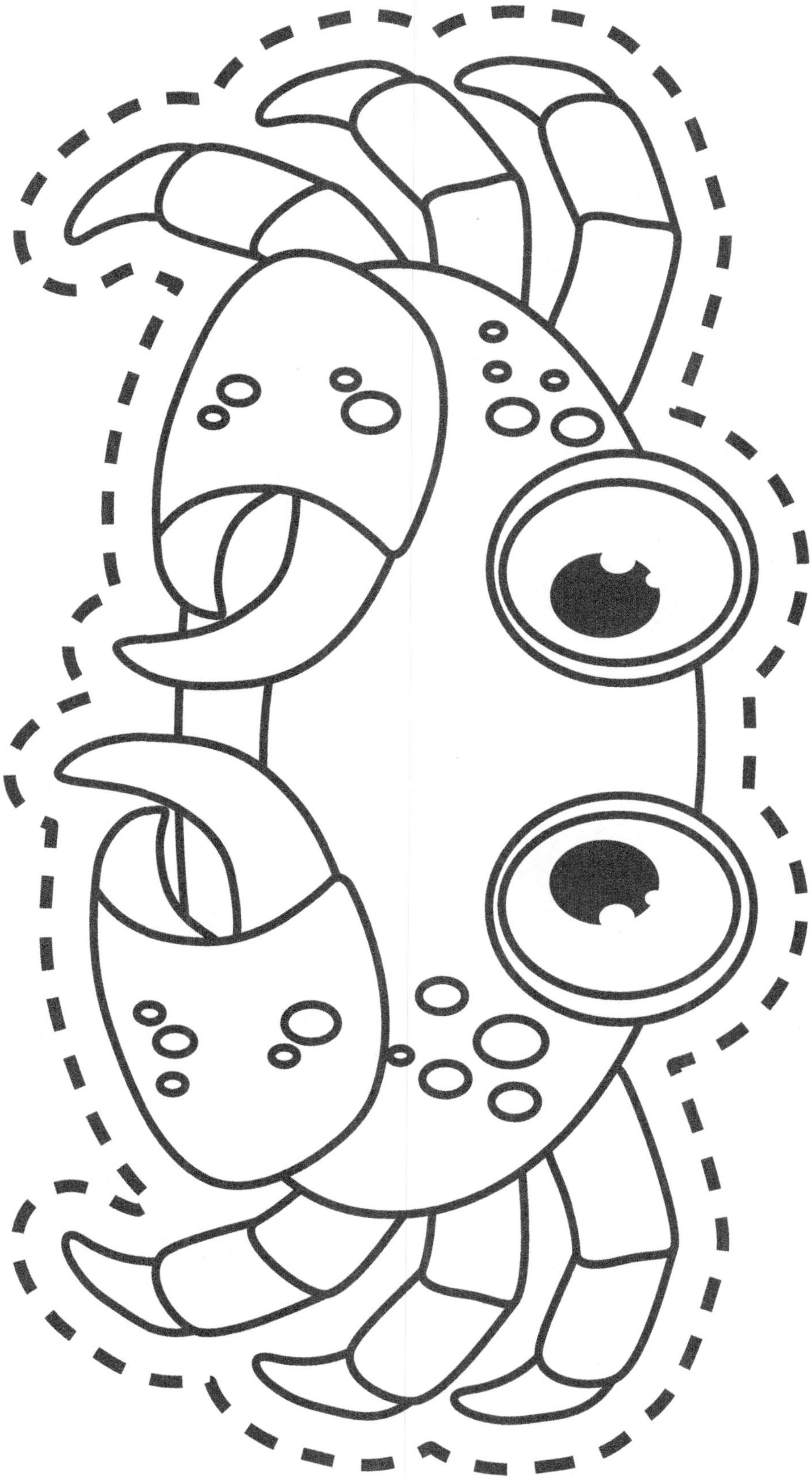

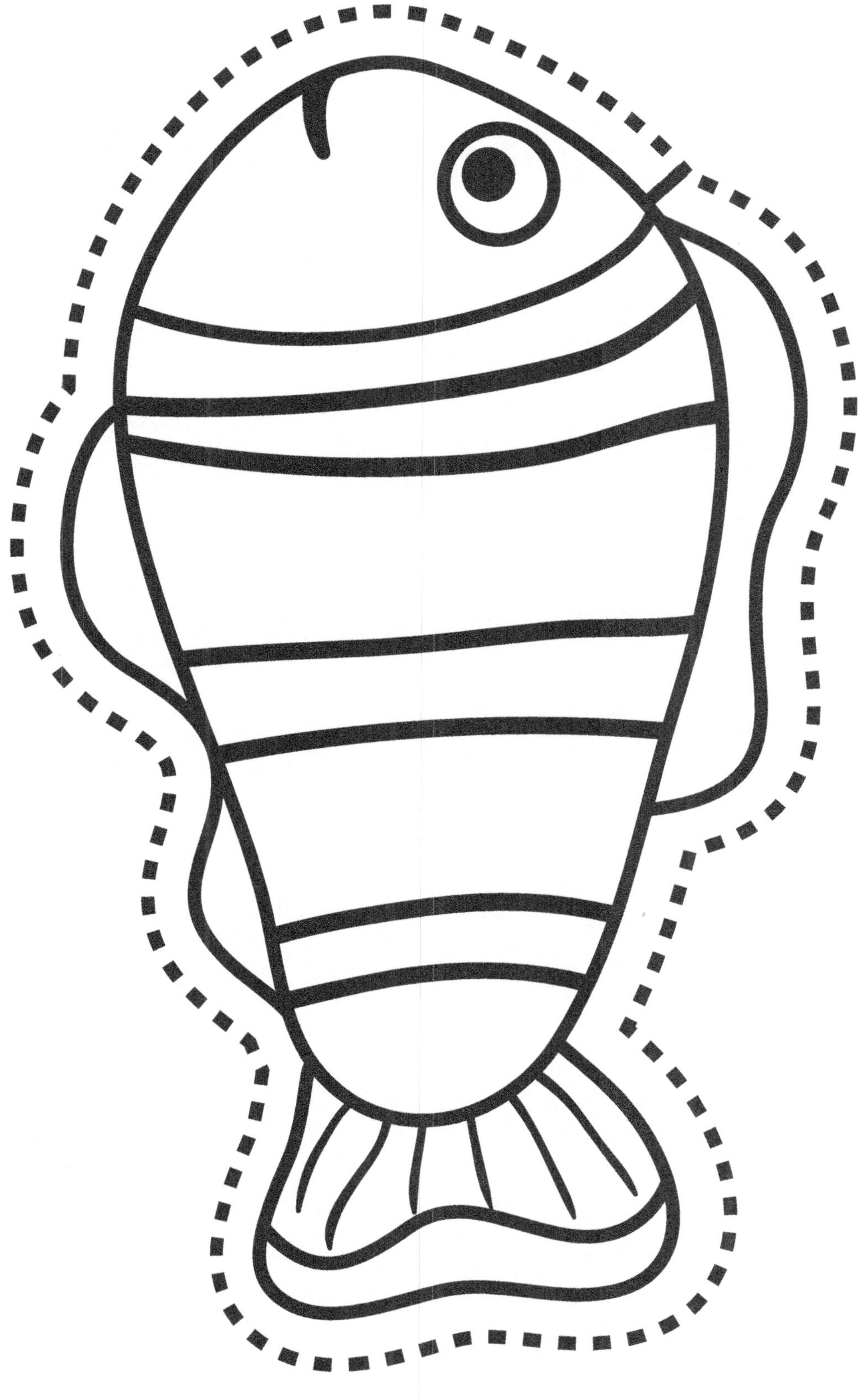

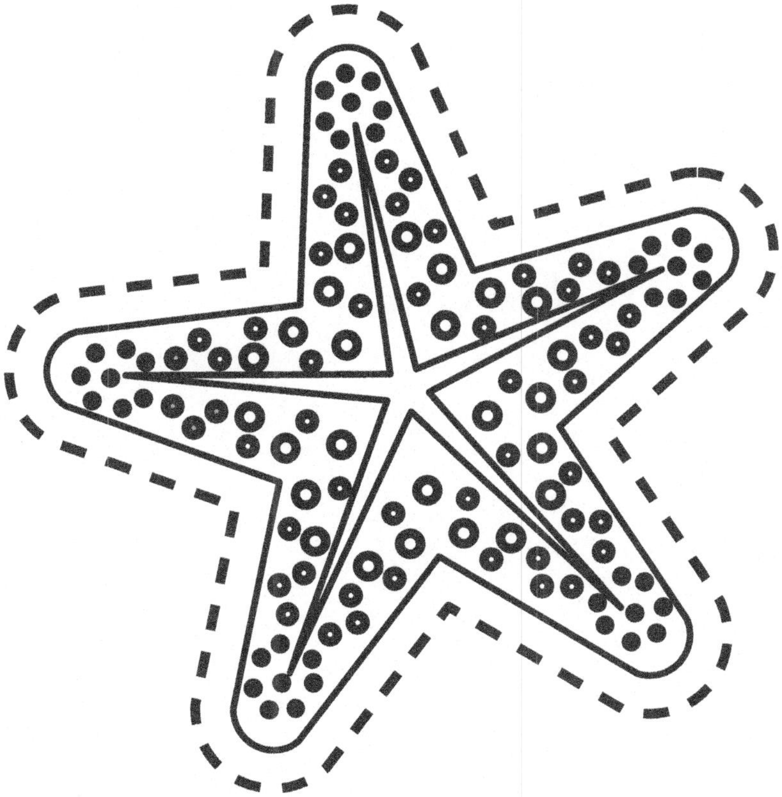

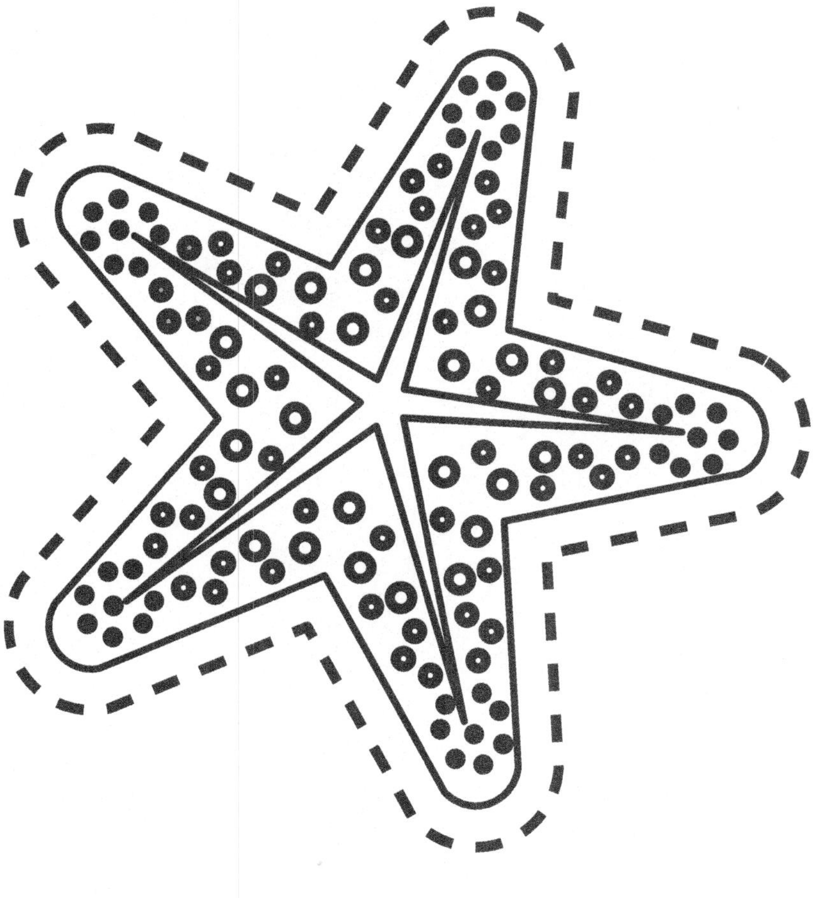

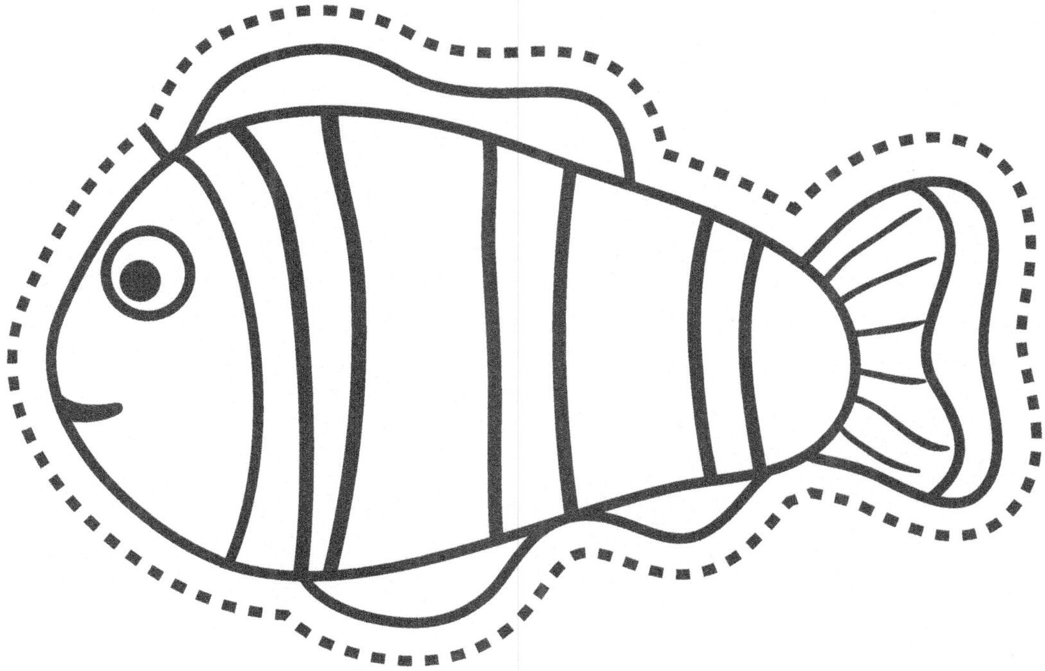

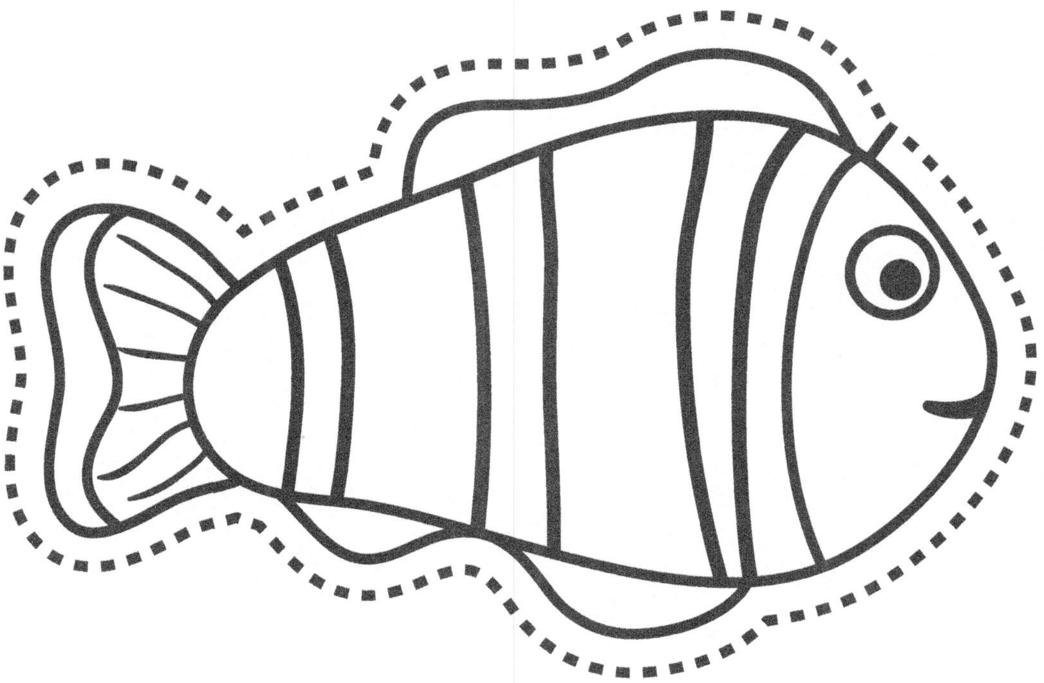

Printed by Amazon Italia Logistica S.r.l.
Torrazza Piemonte (TO), Italy

50561191R00105